유리멘탈

여섯번째
삶을 사는 작가가
위로하고 응원하는

당신
그리고 꿈

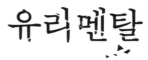

박형철 지음

셰익스피어 하우스

지금까지 나와 함께 해 주신 분들,
그리고 앞으로 함께 하게 될 모든 분들께
이 책을 바칩니다.

'내가 뭐라고… 할 수 있을까…?'

'나 같은 사람이 이런 책을 써도 되나…?' 책을 내기로 결정한 후 처음 든 생각이었다…! 물론 예전부터 '이런 책을 한 번 써보면 좋겠는데…'라고 혼자 상상하며 좋아하면서 책 제목만 먼저 정해놓고, 전체 윤곽을 어슴푸레하게 기획하던 중이었다. 그런데 얼마 전 갑자기 램프의 요정 지니(제일 좋아하는 색이 파란색이다!)가 내 앞에 나타나서 소원을 들어주겠다는 것이다! 나는 망설임 없이 'OK'를 외쳤고 이후 진행과정은 급물살을 탔다. 흥분되고 감사했지만 혼자 있을 때는 문득 '할 수 있을까…?'라는 걱정과 두려움이 앞섰다. 역시 성격과 기질은 동시에 나온다. ①성격 = 급함, ②기질 = 자신감 없음(급 후회). 참 재미있는 건, 책을 쓰기로 결정하고 한 첫 생각과 이후 이어진 생각의 끝이 책 제목처럼 〈유리 멘탈〉이었다는 것이다.

'내 인생에 누가 관심을 가지려나…?' 두 번째로는 의구심이 들었다. 남들과는 다른, 다양하고 독특한 이력일지는 몰라도 지나온 인생에 대한 자부심이 있었다. 부족하지만 그래도 가능하다면 그 경험치를 나누고 싶었고 지금이 그때인가 싶었다. 그런 생각을 더 부추긴 것은, 요즘 유난히 주변 인생선배들이 공통적으로 한 말이었다. "야, 너처럼 산 사람 드물어~! 사람들이 관심도 가지고 도움도 받을 수 있을 거 같은데?" 그런 격려에 힘을 얻었을까, '아무리 그래도 내가 이걸 쓸 만한 사람인가…?' 싶다가도 그런 생각조차 교만이라는 생각이 들었다.

모든 인생이 소중하듯, 내 인생의 과정들도 소중한 걸음들이었다는 것을 담담히 써 내려가면 될 일이었다. 누구에게나 일어날 수 있는 평범한 일이었다면 그 시대의 향수를 함께 추억하며 공감하면 되는 것이다. 그리고 나는 X세대였지만 어떤 세대이든 같은 고민을 가지고 씨름했다면 함께 고개를 끄덕이고, 피식 웃고, 그저 눈물 지으며 삶을 나누는 가운데 서로 응원하면 되는 것이다. 그러다가 한 조각의 위로라도 발견하고 함께 나눌 수 있다면, '힘내…'라고 말하지 않아도 그저 지금 있는 자리에서 각자 자신만의 과거 어느 지점을 바라보며 함께 그 아련함을 나눌 수 있다면, 아주 잠시 동안 쉬어갈 수 있는 감사한 순간이지 않을까 꿈꾸게 되었다.

얼마 전 문화콘텐츠학과에 진학하며 대학생이 된 첫째 딸에게 메일이 왔다. 자기가 새로 쓴 영화 시나리오 기획안을 보낸 것이다. 중고등학교 때부터 에세이든, 소설이든, 시나리오든 글을 써 오던 친구라 많이 놀라진 않았다. 그런데, 내용을 보고 놀랐다. 내용도 참신하고 좋았지만 장르는 달라도 나와 같은 뉘앙스의 글을 쓰고 있다는 게 신기하고 기분 좋고 놀라웠다! 그래서 딸에게 열매톡을 보냈다. "일단, 수아 영화 콘셉트concept 랑 아빠 에세이 콘셉트랑 같네?! 위로가 필요한 시대, 나와 우리의 이야기로 공감하고 서로 격려하는…ㅎ 파이팅~!^^"

2020년 트렌드 중 하나가 '외로움'이란다. 4차 산업혁명 시대 빅데이터 분석을 비롯해 고도화된 기술이 많다 보니 아마 A.I.가 한 해를 미리 진단하며 예언해줬나 보다. 뭐 그렇다 치고, 그럼 외로운 사람들에게 필요한 건 뭘까?

때로는 많은 것이, 때로는 아무것도 필요하지 않은 것이 외로움일 수 있다. 아무리 그래도 누구에게나 '위로'는 필요하지 않을까…? 적어도 나는 그렇게 생각한다. 내 입장을 이해해줬으면 좋겠고, 말하지 않아도 내 마음을 알아줬으면 하는 게 인간이 아닐까 싶다. 이제 스무 살 성인이 된 딸이 '위로의 시대'를 이야기한다. 내가 학생들 면담을 해 봐도 '참 안 됐다…' 싶을 때가 많다. 감히 위로할 수도 없다. 열심히 사는 만큼 힘들어 보인다. 그런데도 참고 또 참으며 이를 악물고 산다. 이겨내야 하니까, 세상을 살아가야 하니까, 그게 당연한 삶이니까! 그런데 그게 당연한 걸까? 더 안타까운 건, 그렇게 잘 사는, 아니 잘 살고 있는 것처럼 보이는 사람에게는 아무도 위로를 건네지 않는다는 것이다. 겨우 버티고 있는 건데…

　　내가 그랬다. 스무 살 직전 한 번의 실패를 겪은 이후 이를 악물고 살아왔다. 나에게, 남에게, 세상에게 지지 않으려고 치열하게 살았다. 그렇게 직장이든, 봉사든, 예술이든, 공부든, 3년, 5년, 10년, 살다보니 다양한 이력이 쌓였고 다행히 나는 아직 건강하게 살아있다. 그리고 지금, 40대 중반, 뭔가 이루어 놓았어야 할 것 같은데 '글쎄…'

다. 그런데 그 이력이, 그리고 그 이력을 가지고 쓰는 이 글이 '그 누구에겐가' 위로가 되고, 도움이 되고, 다시 세상을 살아갈 한 조각의 힘이라도 선물할 수 있다면 그 이상 바랄 게 없을 것 같다. 이 시대의 젊은 2~30대 청년들, 나와 같은 시대를 살았던 40대 청년들, 그리고 자신이 청년이라고 생각하는 모든 청년들(5~60대까지라도)과 이 글을, 내 삶을 나누고 싶었다. 내가 지나온 시간들의 이야기들을 나누며 함께 공감하고 서로 위로할 수 있기를 바랐다.

개인적으로 감사했던 건, 길다면 길고 짧다면 짧은 인생이었지만 이 책을 쓰면서 45년 반평생(?)을 정리해볼 수 있는 기회가 생겼다는 것이었다. 오래전 일일수록 기억이 온전할 수는 없겠지만, 그래도 사진이나 예전 자료들을 들춰보고 부모님과 아내와 이야기하는 가운데 기억의 조각들을 모으고 정리하는 시간 자체가 좋았다. 서로의 기억들을 수정하며 웃고 떠드는 동안 소소한 기쁨을 나눌 수 있었고, 그렇게 해서 기억의 퍼즐을 맞춰 그림이 완성될 때마다 묘한 감사와 행복을 느낄 수 있었다. 인생의 모든 순간이 행복했던 사람이 어디 있겠는가? 따뜻했던 장면도, 춥고 아팠던 장면도 있었지만, 지나고 보니 그 모든 그림들을 거쳐 지금의 내가 되어 있다는 것에 감사할 뿐… 그리고 앞으로의 삶 속에도 분명히 사계절이 존재할 것이라는 걸 알기에, 여름에는 겸손하게 겨울을 준비하고, 겨울에는 차분하게 봄을 기다릴 수 있는 사람이 되어야겠다는 작은 다짐도 할 수 있게 되는 것 같다.

그렇게 이 책을 쓰면서 과거를 돌아보고 현재와 미래를 준비하게 되었다. 감사해야 할 것들은 잊지 말자고, 반성해야 할 것들은 반성하고 돌이키자고, 그리고 부족한 부분들은 앞으로 채워나가자고. 먼저, 유초등~중고등 시절을 쓰면서 부모님께 감사하지 않을 수 없었다. 이제는 내가 그때의 부모님 나이가 되었고 두 딸이 그때의 내 나이를 넘어가고 있으니… 부모가 되어서야 비로소 그 마음과 헌신을 알게 되는 것 같다. 성인이 된 이후의 복잡했던 삶을 쓰면서는 더 많은 생각을 하고 정리를 한 것 같다. 특히 질풍노도의 20대 초반(재수, 대학, 군대, 어학연수)에는 교회누나에서 애인으로, 26세 대학생과 결혼한 이후 지금까지 20년의 삶(연구원, 영업사원, 배우, 목사, 교수) 동안에는 든든한 동반자로서 여러 역할을 하며 곁을 지켜준 아내에게 고마움과 미안함을 느끼지 않을 수 없었다. 앞으로는 정말 잘해야겠다는 또 한 번의 다짐과 함께…! 부족했던 부분을 돌아보고 고백하고 싶었고, 부모님과 아내를 비롯해 무한한 은혜와 신뢰를 주신 분들에 대한 감사와 미안함을 표현하고 싶었다. 그리고 마지막으로는, "Who am I?(난 뭘까?)"라는 질문에 대한 감사한 성찰의 시간이었던 듯하다. 지난날을 디딤돌 삼아 내게 남아있는 삶의 여정으로 나아가기 위한 중간점검의 소중한 기회 말이다.

〈인생이 절반쯤 왔을 때 깨닫게 되는 것들〉이라는 책에서 가방 속 물건을 자랑하는 저자에게 마사이족 족장이 질문을 던진다. "이 모든 것이 당신을 행복하게 해줍니까?" 충격을 받은 저자가 깨달은 인생에 대한 팁은 이거다. '가방을 다시 싸는 것!' 꼭 필요한 것이 아니라면 다 버리고 다시 간소하게 가방을 싸서 출발하라는 것이다. 나는 지금 내가 가지고 있는 모든 것들을 정리하는 중이다. 과거부터 경험한 많은 이력들, 거기서 파생되는 많은 준비와 생각들… 그런데 역시 정리하려고 펼쳐놓아 보니 참 뭐가 많은데 정리가 안 된 느낌이다. 생각주머니에도

'가방처럼 쓸데없는 것들이 많이 차고 넘치고 있네…'라는 생각이 든다. 이제 거기에서 가장 중요하고, 하고 싶고, 해야 하고, 할 수 있는 것들만 정리해야 할 때인 건 분명하다. 그래서 일단 풀어놓는다. 감사함으로 쓴 내용이니 재미있게 읽으시면 좋겠다. 때론 좌충우돌하기도 하고, 이럴 수도 있나 싶은 타이밍의 순간들을 살아오기도 했지만, 내게는 모두 소중한 순간들이다. 소중한 여러분들의 인생과 비교하며, 공감하시고, 위로받으시면 어떠하실지…

이제 나는 내 반평생이라는 가방을 연다. 과감하게 풀어놓았으니 보시는 분들은 나보다 더 산만하게 느끼실지도 모르겠다. 바자회에 왔다고 생각하면 어떨까? 그럼 여러분은 내가 늘어놓은 것들 중, 혹시 필요한 것이 보이면 한두 개 집어 가셔서 잘 사용하면 된다. 부족한 인생이지만, 감히 여러분의 삶을 응원하고 위로하고 싶다. 나 같은 〈유리 멘탈〉 인생이라면 더더욱! 아자 아자 파이팅~!!

목차

우리는 힘든 일상을 살아가며 사네, 죽네
엄살을 부린다.
사실 엄살은 아니다.
하루하루를 살아낸다는 건 기특한 일이다.
하루의 삶이 연장된다는 건,
신의 보살핌일 수도,
우리 생존능력의 발현일 수도 있다.
그게 무엇이든 감사한 건,
우리는 아직 살아있다는 것이다!

어설픈 첫째

1장.

살아남은 게 기적

내가 기억하는 내 모습의 시작은 유아기(1~5세)때부터 시작하지 않는다. 빨라야 5~6세 때부터? 그렇기 때문에 유아기의 기록은 부모님의 기억에 의존할 수밖에 없다. 어쨌든, 이에 본 챕터 기록의 반 이상은 두 분의 기억에 의한 것임을 밝혀둔다.

사랑하는 부모님의 말씀에 의하면, 나는 태어난 지 얼마 되지 않아(1~2세) 처음으로 죽을 뻔했다. 잠실 주공아파트에 살던 그 때(그 때 좀 사 놓으시지…), 이유도 없이 아무것도 먹지 못하고 계속 토를 했단다. 그때 사진을 보니 내가 봐도 거의 삐쩍 마른, 죽어가기 직전의 슈렉이었다. 부모님도 내가 죽을 줄 알았단다. 지금 내가 살아있는 건 기적이자 은혜이다!

두 번째는 웃픈 웃기면서도 슬픈 이야기이다. 기어서 다닐 수 있는 시기의 아기, 무언가를 할 수 있다는 건 능력일지 모르지만 위험을 초래할 수도 있다. 방 앞에 길지만 폭이 좁은 마루가 놓여있고, 방문을 열면 바로 부엌이 있던 시절이었다. 엄마의 증언에 의하면(믿기 힘들지만…), 나라는 아기가 문을 확 밀치고 나왔단다. 그리고 힘차게 기어서 마루 밑으로 떨어졌단다. 근데 그 밑에 밥솥이 있었고, 나는 다이빙 선수처럼 머리부터 하얀 쌀밥 속으로 골인을 했단다. 원래 지구의 중력은 무거운 곳부터 끌어당긴다는 사실, 그리고 인간의 부위 중 가장 무거운 부분은 머리라는 두 번째 슬픈 사실(교수였던 시절, 친한 제자들은 내 별명을 몇 개 지어주었다. 그 중 가장 귀여운 캐릭터는 '보스 베이비', 참고로 얘는 2등신이다…).

　세 번째는 물려 죽을 뻔했던 이야기이다. 나는 순둥이로 태어난 것일까, 아니면 길들여진 것일까? 힘든 시절을 사셨던 부모님과 아기였던 나는, 함께 모여 사는 집(설명하자면, 바로 옆방이 집인? 그렇게 다닥다닥 붙어있는 집)에 살았나보다. 하루는 옆 방(그게 집)에 사는 사나운 아기가 나를 그렇게 물고, 뜯고 갔단다. 가슴 아픈 건, 물린 상처는 흉이 진다는 사실. 화가 나신 아버지가 아마도 허공에 대고 소리를 지르셨나보다, "아니, 무슨 개 XX를 키우나?!" 그래도 얼굴을 보면 나름 곱게 자란 것 같고, 아직도 나는 살아있다는 사실!

그밖에도, 여러분이나 나나 어렸을 때 죽을 고비들을 많이 넘겼을 수 있다. 동전을 비롯한 많은 것들을 삼켰지만 그래도 잘 소화시키며 무럭무럭 자랐다. 옛날 화장품이 지금보다 더 좋은 유기농이었는지는 모르겠으나 바쁘셨던 어머니들이 자주 방을 비우시는 동안 우리는 화장품을 먹으며 향기를 머금었다. 아기 형철이는 아예 안방 문을 잠그고 난리를 친 적이 있단다. 그때 엄마는 슈퍼우먼이 되어 창문에서 창문으로 몸을 날리셨다는 전설이… 아기들은 걷기 시작하면 잘 사라지기도 한다. 한번은 내가 집에서 없어져서 신고하고 난리가 난 적도 있단다. 근데 한참 뒤에 해질녘 돌아오는 강아지처럼 집 앞에 와서 앉아있더란다.

부모님들이 얼마나 놀라셨을까…? 아내와 나도 첫째 딸을 아기 때 잃어버리고 예식장에서 싸운 적이 있다. 인파에 묻혀 보이지 않았던 울고 있던 아이를 어떤 분이 번쩍 들어 올려주셔서 찾았기에 망정이지, 정말 정신이 아득해졌던, 그리고 가슴을 쓸어내렸던 기억이 있다. 오래 전 과거로 돌아가 모든 사건들을 회상할 때마다 드는 생각은, 부모님께 감사하다는 것, 삶이 감사하다는 것뿐이다. 병원에서 겨우 살아났고, 이마 중간에 밥알만큼의 흉터도 남아 있고, 물린 자국도 남아있겠지만, 부모도 집도 심지어는 생명까지도 잃을 수도 있었던 한 아이가 지금까지 살아있는 것 자체가 감사이다. 오히려 나이가 들어갈수록 얼굴 여기저기가 패이면서 새겨진 세월의 흔적들이 오랜 시간동안 옅어진 상처들을 가려준다는 것에 미소가 지어진다.

지금 이 글을 읽기 시작한 당신도 기적적으로, 또는 은혜 가운데 살아남은 사람이다. 기억이든 추억이든 우리는 나이가 들수록 희미한, 또는 파스텔 안개 속의 나를 기억한다. 감사해야 할 것이다. 지금 이 순간, 살아있다는 것이 기적이기 때문이다. 그리고 말도 표현도 못했던 당신과 나라는 아기가 살아남아서 글을 읽고 글을 쓰고 있다는 것은, 신의 섭리와 계획 그리고 힘든 시절을 지나면서 아름다운 역사를 만들어낸 가족의 기적의 역사가 있었기 때문이다! 어설프고 불안했던, 그리고 얼마 안 되는 부족한 인생의 과정이지만, 그래도 감사와 기적의 고백이기에 다시 한 번 마음을 강하게 하고 이렇게 감히 이 책을 시작해보려 한다…!

2장.

첫째 콤플렉스

어렸을 때(초등학교 입학 전후), 이사를 참 많이 다녔던 어렴풋한 기억이 있다. 살았던 집들에 대한 기억의 조각들을 모아보면, 부산 해운대가 내려다보이는 아파트, 망원동 다세대 2층집, 단독주택 지하 집, 그리고 길동의 초원 아파트가 그 곳들이다. 길동초등학교(그 때는 국민학교) 2학년 이후 우리 가족은 길동–둔촌동에 정착해서 쭉 살았고(몇 번 이사는 다녔지만), 우리 가족의 오랜 이웃과 친구들을 만나기도 한 그 동네에 대한 많은 추억들은 아련하게 남아있다. 문득 떠오르는 맛있는 기억은, 어머니가 아파트 베란다에서 연탄난로에 구워주셨던 빨간

돼지고기이다. 지금도 '새로운 마을 식당' 같은 음식점에 가면 비슷한 걸 판다. 하지만 그때의 맛은 아니다. 지나간 것들의 아름다움에 대해 항상 느끼는 것이지만, 그 때의 맛을 이제는 맛볼 수도 느낄 수도 없다는 게 무척 아쉽다는 것이고, 그래서 더 아름다운 건가 싶다…!

오래된 기억들 중에서 동생과 함께했던 사건 사고들 몇 개는 아직도 생생하게 남아있다. 아마도 어린 마음에 새겨진 충격적인 느낌 때문 아닐까? 뜨거운 것에 데면서 인생의 아픔을 처음 경험하고 배우는 아기처럼? 아버지 직장 때문에 부산에 산 적이 있다. 그 때 내가 동백초등학교에 입학했으니 동생은 유치원을 다니던 시절이다(나는 못 갔는데). 한번은 친구들과 풀숲 사이에서 놀다가 구렁이를 본 적이 있다. 꼬리를 세워서 흔들면서 소리를 냈던 것 같기도 하고…! 어릴 때라 용(龍)만한 크기의 코브라를 보기라도 한 듯 소스라치게 놀라서 동생과 도망치던 중이었다. 어디서 날아들었는지 모를 유리조각이 동생의 머리에 꽂혔다. 피는 철철 흘렀고, 초등학교 1학년 형은 유치원 동생의 머리를 부여잡고 집으로 뛰었다. 얼마나 놀랐는지 무서웠는지는 기억나지 않는다. 그저 엄마에게 빨리 가야한다는 생각뿐이었던 듯하다.

살면서 굉장히 당황하고 무서웠던 기억은 따로 있다. 둘째 딸이 아기 때 식탁에 머리를 찧고 눈 옆에서 피가 줄줄 흘렀던 때였다. 침착하려 노력했지만 그게 되나?! 아이의 머리를 잡고 심장이 터지도록 뛰어다녔던 기억, 동네 성형외과에서 미용수술만 한다고 해서 엄청 열 받았던 기억(!!!), 결국 대학병원 응급실에 가서 치료를 받을 때 아기가 마취된 채 내 손을 잡고 멍하니 바라보던 기억이 생생하게 남아 있다. 그때 나는 그냥 뒤돌아서서 울어버렸다…

구렁이 사건으로 돌아가자. 재미있는 건, 같은 상황에서 놀란 첫째와는 너무나 다르게 이 상황을 지혜롭게 이용(?)하는 둘째의 모습이었다. 병원으로 실려 가던 중, 동생은 그 와중에 엄마에게 그 당시(1981년) 귀하고 비싸서 먹기 힘들었던 바나나를 사달라는 거다!(내 기억에 짜장면 한 그릇이 500원하던 시절, 바나나가 한 개에 500원이었다-한 송이 말고!). 지금 돌이켜봐도 '헐' 하고 웃음이 나고, '역시 B형은 다르구나.'라는 생각도 든다. 자신의 아픔을 엄마와 거래하는 동생과 달리 나는 그 때부터 소심한 O형이었나 보다.

　망원동 단독주택 지하 집에 산 적이 있다. 쥐덫을 놓던 시절에 윗집에는 천체망원경이 있었으니 좀 사는 집이었던 듯. 그리고 윗집 형은 저녁이 되면 나를 옥상에 데리고 가서 그 귀한 걸 보여줬으니 좋은 사람이었던 것 같다. 뭘 봤는지, 별이 보였는지는 기억이 나지 않는다. 어느 날 저녁이었다. 아빠가 담배 심부름을 시켰다. 나는 동생과 함께 집 앞 구멍가게로 향했다. 골목을 나와 모퉁이를 도는 순간, 달리던 자전거가 동생을 치었다. 동생이 왜 앞에 있었는지는 모르겠다. 순식간에 일어난 일이라 놀라서 멍하게 있던 중, 자전거는 뺑소니를 쳤다. 구렁이 때와는 다르게 그 때의 감정이 기억이 난다는 게 신기할 뿐, 나는 당황했고, 무서워서 식은땀을 흘렸다. 그런데 그 와중에 나는 동생의 손을 잡고 가게에 가서 담배를 샀다. 그리고 집으로 귀가. 그 이후의 수습상황은 기억나지 않는다.

부산에서 동생이 웃겼다면, 망원동에서는 내가 웃긴 놈이었다. 사람은 긴박한 상황에 본능을 따른다. 그럼 자전거 사건에서 내 본능은 뭘 따른 걸까? 혼날까봐 겁이 났던 건 아니었다. 아마도 임무를 완수해야 한다는 어설픈 책임감 아니었을까 싶다. 동생을 먼저 챙기고 집이든 병원이든 얼른 가서 상처를 돌보는 게 우선인 건 당연지사, 아직 많이 어린 첫째에게는 일반적인 우선순위를 앞서는 어설픈 책임감이 있었나보다.

사람은 타고나는 기질이 있다고 한다. 그래서 요즘은 MBTI, 애니어그램 같은 테스트로 개인의 성향을 분류하기도 한다(혈액형 분류도 과학적이진 않다지만 나름). 물론 개인의 가족상황이나 후천적인 영향으로 인해 훈련되고 정제된 성품으로 바뀌기도 한단다. 첫째 혹은 둘째로 태어나느냐, 나아가 부모가 두 아이를 대하는 태도 또한 후천적으로 지대한 영향을 미치는 듯하다. 첫째와 둘째의 차이에 대해서는, 오래전 우리 형제를 보든, 내 두 따님들의 어릴 때를 보든 살아남는 법이 다르다. 첫째는 모든 상황에 눈치를 본다. 둘째는 '그래도 된다.'이다. 그래서 우는 것도 다르다. 첫째는 상황이 불안해지면 눈물이 난다. 둘째는 자기 맘대로 안 되니까 운다. 첫째는 고모가 우리 집 옷장을 뒤져서 울고, 이삿짐센터 직원들이 이삿짐을 가져간다고 운다. 둘째는 더 이상 걷기 싫으니까 자연농원(현 에버랜드) 광장에 주저앉아 운다. 첫째는 힘이 없는데 지켜야 하니까 울고, 둘째는 다리가 아파서 땡깡을 쓰며 우는 것이다.

첫째는 리허설일까? 본인에게도, 부모에게도 처음 있는 일이라 모든 게 조심스럽고 미숙한 것일까? 처음이라 순진하고 열등해서 착하고 열심히 해야 살아남는 것일까? 둘째는 키우는 부모의 입장에서도 이제 아니까 조금은 여유가 있는 것일까? 최근의 나는 착한사람 콤플렉스 있냐는 말까지 들어봤다. 타고난 것도 있겠지만 어렸을 때, 이후 삶의 상황들 가운데, 살아남기 위해 훈련된 첫째는 중년이 되어서도 모든 사람에게 잘해야 한다고 생각하나보다. 실제로 사람을 좋아하고 모든 관계가 평화롭기를 원하는 이상주의자이긴 하지만 좀 심한가 싶다. 관계뿐 아니라 일도 그렇다. 지금까지 공부하고 일하면서 주위를 통해 듣기도 하고 스스로도 인지하게 된 사실은, 내가 굉장히 예민하고 완벽주의 기질을 지녔다는 것이다.

일을 미리 해 놓아야 마음이 편하고 또 무엇이든 잘 해야 한다고 생각한다. 그렇게 생각하지 않아도 충분한데 시간 내에 못할까봐, 잘 안 될까봐, 두려움으로 인한 무의식적 강박이 있는 듯하다.

돌이켜보면, 어린 첫째가 당연한 듯 스스로 지키려했던 여러 가지 가치들(착함, 순진함, 책임감)은 여러 가지 두려움들로부터 기인했던 듯하다. 어떤 상황이 잘못될까봐, 인정받지 못할까봐 또는 어떠어떠한 사람으로 오해받을까봐. 어떻게 보면 사실 이것도 내가 원하는 이미지로 봐주기 원하는 욕망이자 자기방어일 수 있다고 생각은 한다. 어설픈 첫째로 성장했는지는 모르지만 그래도 잘 배우고, 버티고, 자라서 지금의 내가 된 것이니 감사한 일이다. 사람도 일도 놓치지 않으려 노력하며 지금만큼 왔으니 잘 한 일이다. 그래도, 조금은… 지금보다 조금은 더 내려놓아도 된다는 걸 나도 안다.

3장.

"엄마 빨리 와…"

초원 아파트에 살던 초등학생 시절의 이야기다. 서울에서 나름 정착이웃이 생기고 부모님은 부모님대로, 아이들은 아이들대로 친하게 지냈다. 어느 날, 한 집에는 부모님들이, 한 집에는 아이들이 모여서 놀고 있었고 나는 지쳤는지 일찍 방에 들어가서 잠들었던 것 같다. 그런데, 나중에 깨어난 뒤 내가 잠들어 있던 동안 일어났던 사건의 얘기를 가족과 친구들로부터 들은 나는 재미있어하면서도 한편으로는 당황했다. 친구들 말로는 자던 애가 갑자기 거실로 나오더니 수화기를 거꾸로 들더란다. 그리고 아무 번호나 띠띠띠 누르더니 한 마디 하고 끊더란다. "엄마 빨리 와…" 그 상황을 멍하니(쟤 뭐냐는 듯) 바라보던 아이들은 다시 방으로 들어가는 나를 보고 웃고 난리가 났었고, 나중에 얘기를 들은 부모님도 실소를 터뜨리셨단다.

내가 몽유병 증상이 있다는 걸 그 때 처음 알았다. 수

면보행증이라고도 하는 이 증상은 말 그대로 수면 중에 눈을 뜨고 걸어 다니고 알아들을 수 없거나 의미 없는 말을 하는 증상이란다. 나는 그래도 정확하게 의사표현을 했다! 수화기만 거꾸로 안 들었더라면…! 말은 이렇게 하지만 생각해보면 멀쩡해 보이는 애가 집을 나가서 돌아다니지 않은 것만 해도 다행이다(혹시 나중에 밖으로 돌아다니던 일이 있었나…?). 어릴 때 발달적 요인으로 많이 나타날 수 있고 성인이 되어서도 나타날 수 있다는데 심리적 요인이 크다고 한다. 결국 스트레스와 마음의 연약함은 이렇게 저렇게 몸으로 나타나는 듯하다.

성인이 되어서도 나타날 수 있다는 걸 굳이 확인하게 된 때는 21세 군대에서였다. 그래도 그 경험은 개인적으로 내 인생 속 쫄보 극복의 커다란 계기(?)가 되었다. 지금 생각해보면, 창의적이지만 용기를 넘어 목숨을 건 대담함을 필요로 하는 일이었다. 이등병일 때 그렇게도 나를 괴롭히던 일등병 고참이 있었다. 괴롭히려고 "박을래, 맞을래?"하면 나는 "맞겠습니다!"라고 했다. 머리숱 때문에 박는 걸(소위 원산폭격) 싫어하는 나에게 "박아!'라고 외치며 전진후진을 시켰더랬다(해보신 분들은 알겠지만 전진은 몰라도 후진은 안 된다). 그런데 하루는 아침에 그 인간이 조심스럽게 묻는다. "너 괜찮냐…?", "뭐 말씀이십니까?!" 그 고참 말로는 새벽에 내가 침상에서 갑자기 일어나 앉아서 뭐라고 웅얼거리더란다. 그리고 다시 고대로 누워서 잠들었단다. 그게 무서웠나 보다. 완전 쫄병(이등병) 시절은 24시간이 긴장상태다. 아마 그 날은 내가 긴장의 정도가 심했던 듯하다. 그런데 그 얘기를 듣는 와중에 엉뚱한 생각을 하는 나, '이걸 한 번 이용해볼까?'라며 소심한 복수를 꿈꾼다. 모두가 잠든 새벽, 나는 자다말고 오른쪽 팔을 들어서 잠들어있던 그 고참의 가슴을 퍽 쳤다! 그리고 일어나 앉아서 중얼거렸다. 그리도 다시 누워서 잠든 척했다! '연기가 완벽했나…?' 그래도 뛰는 가슴은 멈출 수가 없었다. 다음날 아침에도 나중에도 고참은 아무 말이 없었다. 지금 돌아보면 재미있는 추억이다. 역시 남자들은 군대 얘기만 하면 길어진다.

어릴 때로 돌아가자. 우리는 어릴 때 어디서 떨어지거나 날아다니는 꿈, 또는 귀신이나 악당으로부터 도망치는데 발이 떨어지지 않는 무서운 꿈들을 꾸며 자란다. 나도 예외는 아니지만 사실 나는 꿈을 많이 꾸는 소년은 아니었다. 그리고 몽유병 증상은 꿈하고는 별로 상관이 없는 것 같은 게, 1. 꿈을 꾸지 않았는데, 2. 그런 증상이 나타나고, 3. 아침에 아무 기억도 나지 않기 때문이다. 아마 어떤 무의식의 발현이 아니었을까? 주변을 보면 어릴 때의 나처럼 자다가 일어나서 돌아다니지는 않을지 몰라도 자다가 말을 하는 사람들을 종종 본다. 꿈속에서 상대와 대화를 하는 사람도 있다. 그런데 이들도 역시 기억하지 못한다. 꿈으로 유명하신 프로이트 할아버지는, 꿈은 왜곡될 수 있지만 그래도 우리가 하루 동안 만나고 경험했던 사람들과 상황들과 연결되어 꾸어진다고 말했다(아마도 〈꿈의 해석〉이 그런 내용인 듯). 그렇다면 이는 사람마다 정도의 차이는 있지만, 일상의 욕구와 욕망 그리고 스트레스와 결핍에 대한 무의식의 반응이 우리가 잠든 사이 여러 가지 형태로 일어나는 것이라고 볼 수 있지 않을까? 꿈은 아직도 미지의 영역이니 나름 추측해본다.

며칠 전, 둘째가 몸이 많이 피곤했는지 아니면 고민이 많았는지 자다가 말고 엄마를 부른다. 엄마가 가서 보니 일어나서 말을 하고 대답을 하긴 하는데 엉뚱한 말이다. 그런데 다음 날 "왜 그랬어?"라고 물어보니 언제 그랬냐며 기억을 못 한다. 유전적 요인이 있을 수도 있다는데 혹시 나를 닮아 그런가 싶어 괜히 미안하다. 고1이라서 고민이 많은가 싶기도 하고 아빠가 보기엔 그냥 안쓰럽다. 그러면서도 아이와의 공통점 속에서 나를 깨닫는다. 지금은 다 커서 중년이 된 첫째 아들과 그의 둘째 딸이 무의식의 꿈속에서 찾았던 건, 세상에서 제일 의지하는 단어인 '엄마'였다는 것.

초원 아파트의 여린 첫째는 그래서 엄마에게 전화를 걸었던 것 같다. 무슨 꿈을 꾸었는지 뭐가 힘들었는지 알 수 없지만 엄마를 곁에 두고 싶었나보다. 그래서 잠든 사이에도 엄마가 아직 옆에 없다는 걸 느낀 것일까? 사실, 세상 모든 사람들에게 가장 힘이 되고 애틋한 단어는 '엄마'일 것이다. 엄마 그리고 부모의 존재는 그런 것이다. 영유아를 지나 초중고생이 되고, 20대 성인이 되고, 그 후 오랜 시간이 지났어도, 이제 와서 돌이켜보면 몸도 마음도 아니 모든 삶을 통째로 의지했던 존재가 부모님이었다. 문득 첫째가 아기였을 때 사건이 떠오른다. 포항으로 공연을 갔을 때이다. 대기실에서 순서를 기다리며 딸(2-3세)과 놀고 있었는데, 아이가 갑자기 화장대에서 뛰어내리는 것이다! 환하게 웃는 얼굴로 주저 없이 아빠의 가슴으로 다이빙! 놀람도 컸지만 그때의 깨달음은 40년 가까이 지난 지금까지 이어질 만큼 훨씬 더 컸다! '아, 누군가를 의심 없이, 100% 의지하고 믿고 신뢰한다는 게 이런 거구나…!'라고 말이다.

이제는 내가 그런 부모라는 존재가 되어 있다. 그 단어가 얼마나 무겁고 어려운 단어인지 알아가면서 철이라는 게 조금 들기도 하는 듯하다. 이제는 내가 든든한 사람이 되어야 한다고, 조건 없이 언제나 의지할 수 있는 버팀목이 되어야 한다고 수없이 다짐한다. 하지만 더불어 불안증 같은 게 생기기도 했다. 그래서 항상 '멘탈을 강하게 해야 한다!'라고 되새긴다. 엄마한테 빨리 오라던 첫째는 더 이상 엄마를 찾지는 않는다. 하지만 아내 말을 들어보면 요새도 가끔 새벽에 일어나 침대에 조용히 앉아 있는 경우가 있단다. 아마 요즘 신경 쓸 일이 많아 몸과 마음이 좀 약해져있었던 듯하다. '좀 더 자라야 하나보다, 더 멀리 가야하나보다.' 부쩍 약해지신 부모님과 좀 더 함께 하기 위해서라도, 두 딸이 좀 더 자라는 걸 보기 위해서라도 말이다. 최근 들어 몸도 마음도 건강하게 지켜야겠다는 생각을 많이 한다. 그래서 근력운동을 매일 열심히 하는 중이다!!

4장.

촌스러웠던 나, 따뜻한 기억

유아~초등 시절(74~86년)에 대한 나의 기억은 많이 풍족하지는 않지만 따뜻했던 추억들로 남아있다. 내가 초등학교를 다닐 때까지만 하더라도 구걸하는 사람들이 많았던 시절이다(서울이어도 아파트 뒷산에 소와 달구지가 돌아다니고 보름이면 쥐불놀이를 했으니…). 우리도 지하에 산 적이 있지만, 그때도 어머니는 그 분들이 들고 있던 양푼에 밥을 가득 담아주셨다. 나눔이란 있어서 할 수 있는 것이 아니라 없는 가운데 내가 가진 것에서 나누는 것이란 걸 어릴 때부터 배울 수 있었다는 게 감사하다. 초등학교 마룻바닥이 나무였던 시절, 어머니가 집에서 바느질로 손걸레를 만들어주시면, 투명한 흰색 막대왁스를 가지고 친구들과 마루를 결대로 경쟁하며 닦았다. 번들거리게 닦다보면 그게 뭐라고 그렇게 웃으며 재미났던 나의 초등 시절의 추억은 황토색 파스텔 톤이다.

그리고, 시간을 좀 더 거슬러 올라가보자면 참 촌스러웠던 내가 생각난다. 초등학교 입학전후 부산에 살던 시절, 좀 잘 사는 친한 옆집 친구네를 자주 놀러갔다. 한번은 유선방송에서 우주소년 아톰을 보다가 친구가 준 귀한 치즈를 먹었는데 그걸 토해냈다… 사실 나중에 중학생 때도 친구가 준 요플레(요거트 제품)를 처음 먹고 '상한 걸 왜 먹지?'라고 생각하며 말은 못한 일, 좋은 음료수 준다고 파란 이온음료를 줬는데 '밍밍한 비누 맛을 왜 먹지?'라고 생각한 일도 있었다. 여전히 촌스러운 나였나 보다. 지금은 없어서 못 먹는데!

이 글을 본격적으로 쓰면서 감사한 건, 내 인생의 각 시기들을 돌아볼 수 있었다는 것이다. 그 중에서도 태어난 이후 어린 시절의 역사를 정리하며 미소 지을 수 있었다는 것! 물론 전후세대도 아니면서 호랑이 담배 피다가 건강이 안 좋아져서 금연하게 된 시절 얘기를 하고 있는 지금의 나를 보며, '아 이제 진짜 나이가 들었구나… 세월이 진짜 빠른 거구나…'라고 부모님 세대의 생각과 말을 하고 있는 나를 발견하면서 또 한 번의 피식 웃음을 웃는다. 그래도 다시 감사하게 되는 건, 어렸던 내가 조금 촌스럽고, 연약하고, 부족하고, 콤플렉스의 존재였었는지 몰라도, 그때 심하게 위축되었다거나 또는 많은 상처를 받지는 않았다는 것이다. 그냥 가끔 머쓱했었는지는 몰라도, 남아 있는 모든 기억들과 그 모든 삶의 과정이 그리고 지금까지 살아남은 것이 감사하다는 생각뿐이다.

　　정리해보면, '어렸을 때 진짜 여리고 두려움이 많은 나였구나…'라고 생각한다. 진짜 지금까지 40년(강산이 4번을 변했을 시간)을 넘게 '살아남아 있다는 게 기적이구나!'라고 생각한다. 그러면서, 신의 섭리에 감사한다. 기억하지 못하는 무의식의 시간(출생~유아), 유년~초등의 기간이 있었다는 것에 감사한다. 그런 어설픈 출발이 없었다면 지금의 내 인생이 존재할 수 없었다는 것을 새삼 돌아보며 감사한다. 우리 모두의 인생에는 그런 연약하디 연약한 순간들이 있었다는 것, 우리 모두는 그 때도 지금도 기적의 순간을 살아가고 있다는 사실, 그걸 기억하며 살 수만 있다면 조금 더 감사하며 자족하며 베풀며 살 수 있지 않을까? 연약하고 소심하게 태어났는지는 모르겠지만, 긍정적인 면을 볼 수 있고 먼저 보려하는 눈을 타고 태어난 것이 더 중요한 것 아닐까? 어떤 상황에서도 따뜻한 온기를 느낄 수 있는 마음을 지닌 채 태어났다는 게 감사할 뿐이다. 그리고 나의 부족한 상황보다 감사할 것이 더 많다고 생각하며 감사하는 내가 신기하고 기특할 뿐이다.

그래서, 마지막으로 그러했던 나의 소중한 기억을 소개하며 이 장을 마무리하려 한다. 어렸을 때부터 부모님은 맞벌이를 하셨다. 그래서 초등학교 4학년 때부터 집에 돌아오면 나는 동생과 함께 밥을 차려먹었다. 살짝 외로워보일지 모르지만 따뜻했던 기억으로 남아있는 건 다음의 장면이다. 학교에서 돌아와 대문을 열었을 때, 아파트 베란다 창문사이로 들어와 마루에 깔리는 주황빛 노을… 평생 살면서 추억하는 그 장면의 기억은 나에게 슬프기보

다는 아름다운 추억으로 남아있다. 그래서 나의 유년시절
은 감사이고 감동이다…!

우리는 모두 사춘기를 지나간다.
북쪽에서도 무서워서 못 내려온다는
그 중2의 시기를 지난 사람들이다.
그만큼 거칠 것 없었고 자신만만했던 우리는
이제 지금의 나이가 되었다.
부끄러움과 자신감, 결장(결정 장애)과 일탈도
우리 각자에게 있었던 감사한
인생의 한 장면들이었음을 추억하며…!

샤이보이(shy boy)

1장.
폼생폼사 중고딩

사춘기를 언제 시작하든(요새는 초딩 때부터?) 중고등학생 때는 멋있고 싶다! 사자, 깻잎, 뽕, 똥 등 여러 머리들, 무스나 웰라폼을 바르고 그것도 안 되면 드라이나 고대기를 몇 시간씩 한다. 가지각색의 어깨 뽕마이에, 청자켓에, 디스코바지까지, 8~90년대 패션이 요즘 레트로 열풍으로 인해 다시금 보이는 게 신기하고 재미있을 뿐, 역시 패션은 돌고 도나보다.

요새 중고딩이 웹툰과 웹드라마를 본다면, 그때는 만화방에서 만화책과 무협지를 즐겨봤다. 〈영웅문〉, 〈나는 왕이로소이다〉, 〈신이라 불리운 사나이〉, 〈아르미안의 네 딸들〉, 〈엘리오와 이베트〉. 그것도 모자라면 수업시간에 선생님 몰래 5백 원짜리 손바닥 만화책을 교과서 위에 겹쳐서 봤다. 타노스보다 손가락 튕기기를 먼저 선보인 프

리더가 나오는 〈드래곤볼〉, 강백호, 채치수, 서태웅을 보며 재미와 감동을 느꼈던 〈슬램덩크〉, 그리고 〈북두신권〉의 주인공을 비롯한 비극적 인물들의 삶과 상처를 보고 울컥하며 안타까워했다. 요즘 아이돌을 능가했던 소방차(1987년, 중1때)와 서태지와 아이들(고3)의 춤을 따라했고, 이선희의 '영'(중1)이나 박혜성의 '도시의 삐에로'(중1)를 따라 불렀다. 〈응답하라〉 시리즈에 나오는 것처럼 라디오에서 흘러나오는 가요나 팝송을 테이프에 녹음해서 듣거나 노란 악보집(500원)을 사서 외우던 시절이었고, 나도 그러긴 했지만 영화 〈써니〉의 롤라장 씬에 나오는 것처럼 '스잔'의 김승진 파에 대항해서 싸우던 '경아'의 박혜성 파는 아니었다.

사실 전투력 제로(0)였던 그때의 나는 누구랑 싸우기는커녕 부끄럽고 무서워서 롤라장도 못 가는 '샤이 보이(shy boy)'였다. 그리고 지금 생각해보면 웃긴 게, 그 당시 사회적 통념(?)이나 학교 규율상 논두렁 얼음스케이트장은 돼도(거기서 먹는 사발면은 진짜 최고다!) 롤러스케이트장은 안됐다는 것! 얼마나 소심하고 부끄러움이 많았는지에 대해서는 지금 생각해도 민망한 사건이 있다.

한 번은 교회선생님이 모임 후 갑자기 마무리기도를 시킨 적이 있다. 일단 긴장! 친구들 앞에서 눈을 감았는데 진짜 머리가 띵하고 하얗다. 식은땀이 흐르는 가운데 결국 평소 주워들었던 단어 '진정으로'만 5번 반복하고 끝냈다. '헐…아멘…' 끊임없이 시끄럽고 말 많은 지금의 나를 아는 사람들은 전혀 동의하지도 공감할 수도 없는 이야기를 지금 하고 있다. 나 스스로도 그랬나 싶을 정도로 의심스럽지만, 그때의 나는 분명 그랬다!

그리고 여러분들이 알아야 할 것이 있다. 롤라장 못 가는 샤이 보이도 멋있어 보이고 싶은 건 똑같다. 깡다구도 있다!(속으로는 '이쒸!'라고 한다!) 모든 중고딩의 삶이 그렇겠지만, 내 둔촌동에서의 본격적인 사춘기의 삶은 정말 폭풍전야나 태풍의 눈이었다. 안(못) 그럴 것 같은 애가 어디로 튈지 모르는 럭비공 같았다면? 공부도 열심히 하는데 딴 짓도 했다면? 집에서는 착한 첫째인데 밖에서는 뭐랄까 알 수 없는 아이였다면? 내가 생각해도 겉모습과 달리, 나는 언제든 일탈할 준비가 되어있는 모범생(?)이었다. 그래서 질풍노도의 시기이고 거칠 것 없는 주변인인 듯하다. 그리고 그렇게 휘몰아치는 만큼 자아가 강해지고, 가족과 사회 안에서 정체성의 균형을 잡아가며, 성장통을 겪지만 흔들리는 가운데 단단해져가는 감사한 시간인 듯하다.

소극적이니까 자발적으로는 아니고 싸움 때문에 나의 '깡'을 확인한 적이 있다. D중학교 계단, 무슨 일로 싸웠는지는 기억도 안 난다. 내게도 그 때의 장면 정도만 기억에 남아 있으니, 상대 친구는 기억도 못할 거다. 그리고 원래 맞은 사람은 기억해도 때린 사람은 기억 못 한다. 싸움을 잘 하는 친구라 내가 많이 맞았다! 그런데 아픈 기억은 없고, 열 받았던 기억만 남았다. 중요한 건, 나에 대해 하나 알게 되었다는 것이다. 나는 열 대를 맞아도 한 대는 때려야 직성이 풀리는 사람이었다! 그리고 여기서 더 중요한 것, 아무리 연약해 보이는 사람도 한 방이 있다는 것이다! 하.하.하!

하고 싶은 게 많았던 시기, 하지만 못하는 게 많아 더 그랬는지 몰라도 하면 안 되는 것들을 탐하던 시기, 그리고 하면 안 되는 걸 알지만 그래도 했던 시기, 그런 혼란스러운 시기를 보내던 나는 내 인생을 바꿔놓게 될 예술을 만난다. 바로 '음악(Music)'! 음악에 처음 관심을 갖게 된 건, 아버지가 중학교 때 사 주신 통기타와 보내주신 음악교실 때문이었다. 물론 뽕짝연주를 가르치시던 선생님 때문에 금방 시큰둥해졌다는 게 안타까운 일이지만, 그래도 시작이 아버지의 기타였다는 게 감사하다. 그리고 친구가 데리고 간 교회의 성가대, 나라는 애가 참 단순한 게, 노래를 가르쳐주고 간식으로 빵을 주고 성가대 가운도 그냥 준다고 하니 감동을 한다! 이미 혹한 나는 수줍게 묻는다. "들어가도 되나요?" 그래서 중고딩 때 성가대를 그렇게 열심히 하면서 내 노래 실력도 어느 정도(?) 늘어간 것 같다.

그리고 Y형, 장남이라 형이 없는 내가 친형처럼 따랐던 그 형이 있었기에 현재 나의 음악성이 있다고 해도 과언이 아닐 것이다. 중고등, 재수 및 대학시절 동안 형에게 음악을 배웠다. 함께 교회밴드를 하며 리듬 파트(형은 베이스, 나는 드럼)에서 무섭게 배웠다. 음악도 성격을 따라가는지 드럼 박자가 빨라졌고 그때마다 형에게 혼이 났다. 그러면서도 나를 많이 아낀 형은 내 노래도 봐주고, 수줍게 쓴 곡도 편곡해주고, 함께 듀엣공연(형은 트롬본, 나는 색소폰)도 해주었다. 그 때로 돌아갈 수 없어서 그런지 그때를 생각하면 더 그립다…

음악을 얼마나 좋아했는지(형들의 영향도 있었겠지만), 중3 때 친구와 함께 헤비메탈 밴드를 결성한다(그 친구는 지금 재즈기타리스트이다). 친구는 그 때부터 이미 기타를 평생의 업으로 삼기로 결정한 바, 나는 베이스기타로 전향한다(처음에는, 중2 때 둘이 같이 낙원상가에 가서 6만 원짜리 전자기타(개는 흰색, 나는 검정색)를 각각 샀다. 그리고 Y여고 건너편 지하 맛집 '하얀 집'에서 즉석떡볶이와 가느다란 50원짜리 가래떡 튀김으로 자축을 했더랬다!). 그리고 피나는 개인연습과 합주, 시간을 쪼개서 멜로디를 따고, 오른쪽 손가락은 저릴 때까지(1/64비트까지) 반복연습을 한다. 헤비메탈 베이시스트로서 손색이 없도록, 밴드친구들에게 누가 되지 않도록.

그리고 겁 없는 중3들의 도전! 고딩이 되기 전 겨울방학, 대중 앞에서 공연을 하기로 한다. 정말 앞뒤 분간도 못하는 애들이었던 게, 대학로 마로니에 공원 무대에서 그냥 공연을 했다! 해당구청 허가도 없이!! 앞뒤 분간도 못하면서 한겨울에 가죽잠바, 말구두, 디스코청바지를 입었던 나는 손도 마음도 꽁꽁 언 채 얼음이 되어 있었다. 그런 나에게 누가 건넸는지 모르겠지만 긴장 풀라고 쥐어준 소주 반병을 까고(?) 베이스기타를 쳤다. 얼마나 열심히 쳤는지 손가락은 까지고 초퍼 slap, 연주법 로 줄을 끊어먹은 (베이스 줄은 거의 끊어지지 않는다) 중딩은 그 당시 중고딩 메탈계에 아주 잠깐 전설이 되었었다!

　중고딩 시절 발표는커녕 의견이나 대답 한 마디를 못하던 샤이 보이였던 나다. 그랬던 나를 변화시키고 성장시킨 건 역시 친구들과 음악이다. 조금 서투르고 실수할지 몰라도 그게 그 때의 인생인 것 같다. 정답을 아는 AI 로봇 같은 인생이라면 인생이 무슨 의미가 있을까? 물론 결정 장애와 소심한 기질을 지닌 나 같은 애들은 좀 덜 했을지 몰라도, 모든 사춘기는 수많은 호기심과 분출의 욕구를 가지고 있다. 사실 'XX 총량의 법칙'이라고, 그 때 해소되지 못한 것들은 나중에 언제든 분출되는 게 인생이다. 좀 싸웠어도, 헤비메탈을 하며 교회에서 마귀 소리를 들었다 해도, 연합고사(고딩 입학 전 시험) 전 100일주를 마셨어도, 다 지나간 추억이고 훈장이다. 무엇을 했든, 어떤 시간이었든, 지금 건강하게 살아있는 것만큼 중요한 것은 없다. 지금까지 자라고, 버티고, 존재할 수 있도록 도

와준 친구들과 음악이라는 기적과 추억들이 있었음에 진심으로 감사할 수만 있다면, 그거면 된 거다…!

2장.

무궁화호 안에서

"공부 열심히 해봤자 뭐하냐?! 어차피 인생의 종착역은 치킨집인데." 영화 〈아빠는 딸〉에 나오는 대사이다. 극 중 공부를 열심히 해도 안 되는 친구를 위로하며 한 친구가 하는 말이다. "인문계, 경영대, 대기업, 치킨집! 자연계, 공대, 대기업, 치킨집!", "그래서 나는 아빠 치킨집이나 물려받으려고!" 여기서 그래도 그 친구는 물려받을 치킨집이 있다는 게 부러운 함정. 영화의 대사는 현실의 단면을 보여주는 위트이기에 소개한 것이고, 우리나라 많은 분들이 이미 치킨 가게를 하고 계시기에 그 분들의 노력과 미래를 진심으로 응원합니다!

안타깝게도 내 기억에는 초등~중등 때 나의 기질이나 특기 그리고 미래 진로에 대한 검사나 상담을 받아본 적이 없다. 그러다보니 초등 6년, 중등 3년이 그냥 흘러갔다. 그런데 중3 말미에 인생의 중차대한 선택을 해야 한단다. 인문계 고등학교를 갈지 아니면 실업계를 갈지. 1년 뒤에 또 정하란다. 문과를 갈지 이과를 갈지. 지금 생각해보면 참 어이없는 결정이었다. 뭘 아는 게 있어야 결정을 하지, 나나 부모님이나 나의 미래에 대한 청사진이나 준비 없이 그런 결정을 해야 했던 것이다. 도대체 내가 2, 3, 40대에 뭘 할 줄 알고? 차라리, 실업계나 예체능(음악, 미술, 체육)이 나은 것은, 취업이든 예술가로서의 자기 독립이든 확실한 미래가 있다는 것이다. 주변을 봐도, 현재 금융계의 전문가가 되어 있는 아내나 그의 동료들, 예체능계에서 교육이나 사업 또는 순수예술활동을 하고 있는 선후배들은 자신의 자리를 잡고 멋지게 살아가고 있다. 돌이켜보면, 진짜 나는 그냥 흘러가는 대로 쓸려간 것이나 다름없다.

이 와중에 잠시 참 감사한 것은, 어머니와 아내의 교육에 대한 관심이 두 딸을 대안학교로 보냈다는 것이다. 일반 초등학교를 보내놓고 항상 입시중심의 공교육에 대한 안타까움과 의구심, 학교폭력에 대한 불안 등이 있던 터였다. 우연히 대안학교에 대한 소개를 받았고, 중도입학 이후 현재, 첫째는 졸업 후 본인이 원하는 전공의 대학으로 진학, 둘째는 현재 10학년(고1)으로서 재능을 계발하며 행복하고 만족스러운 학교생활을 하고 있다. 그저 학교와 선생님들 그리고 동료 학부모님들께 감사할 따름이다. 부모인 우리는 몰라서 받지 못했던 관심과 배려 그리고 진정어린 응원과 기도가 무한한 가능성을 품은 자녀들을 드넓은 꿈의 세계로 인도하고 있는 것이다. 현실? 그건 정말, 진짜, 어쩔 수 없을 때 마지막에 걱정하면 안 될까??

더 어릴 때로 돌아가보자. 당신의 꿈은 뭐였나? 나는 과학자였다. '그런데 무슨 과학자?' 조금은 이성적으로 인지가 가능한 소년이 되었을 때 문득 든 질문이었다. 그것도 '누가 물어보면 무슨 과학자라고 하지?'라는 자기방어기제에서 출발한 생각이었던 것 같다. 어쨌든 그 이후 나의 대답은 그냥 과학자가 아닌 "나사(NASA)에 가고 싶어요!"였다. 그런데 나사가 미국 항공우주국의 정식 명칭이라는 걸 그때는 몰랐다(National Aeronautics and Space Administration의 약자인 것도 지금 책 쓰면서 확실하게 알았다). 꿈과 진로? 주워서라도 들어서 아는 게 있어야 꿈도 꾼다. 뭔지는 몰라도 본 게 있어야 따라서 한다. 부모님이, 주변에서, 사회가 좋다고 말하면 그런가보다 했던 것 같다. 누구의 잘못도 책임도 아니긴 하다. 그들도 보고 듣고 배운 것이 없었으니까. 그래서 이게 좋다면 이쪽으로 저게 좋다면 저쪽으로 요리조리의 인생이었는지도 모르겠다. 그도 그럴 것이 나 같은 사람의 특징이 귀가 얇아서 잘 믿는다는 것이다. 그래도 지금 와서 그게 참 감사한 건, 어쩌면 그랬기 때문에 내 이력이 이렇게 다양하고 독특하게 디자인된 것 아닐까라는 생각이 들기 때문이다. 남들은 해보지 못한 이런저런 많은 것들을 하다가 여기까지 왔으니 나쁘지만은 않았다 싶은 인생…? 감사하다.

'무궁화호', 내 미래의 진로에 대한 진지한 대화와 고민이 처음으로 오간 건 시골에 계신 할머니를 뵈러가는 기차 안에서였다(할머니는 2020년 현재 106세시다!). 적어도 남아있는 내 기억 속에서는 그렇다. 지금이야 KTX로 두세 시간이면 전국 방방곡곡을 갈 수 있지만, 그때만 해도 비둘기호, 통일호, 무궁화호, 새마을호가 다니던 시절이었다. 우리 가족은 거의 무궁화호(우등열차)를 타고 김제까지 갔다. 그리고 직행버스로 부안, 거기서 다시 시골버스로 상서면 용서리까지. 그때 내가 아마 중2나 3이었을 것 같다. 기차 안에서 달걀(기차여행에는 역시 달걀이다. 그리고 통로를 왔다 갔다 하는 이동식 카트매점에서 사먹는 우유, 사이다, 오징어, 과자들)을 까먹다가 갑자기 아버지께서 고등학교와 대학교에 대한 이야기를 하셨다. 그리고 아버지나 나나 서로 그런 얘기는 처음이자 마지막이었던 것으로 기억한다. 쪼끄만한 게, 나름 현실을 생각한다고 실업계도 고민하고 있었는데 일단 인문계 고등학교를 가란다. '그래야하는 건가?'하고 있는데, 고등학교도 이과를 가고 대학교도 기술을 배울 수 있는 이공계로 가란다. 어릴 때 어디서든 '가장 존경하는 인물은?'이라는 질문을 받으면 '아버지'라고 대답했다. 진짜 그랬다. 그래서 아버지가 말씀하시면 다 맞는 것이고 그래야 한다고 생각했다. 그리고 결국 그렇게 됐다.

나는 참 어설픈 장남이었다. 아버지의 말씀에 순종한 게 어설픈 건 아니지만, 그래도 결국 인문계-이과-공대를 간 건 팩트다. 기술을 배울 수 있는 곳으로. 지금 와서 결과론적으로 보자면 내게 남은 이공계 기술은 없다(수학과외 할 수 있는 정도나 남았을까? 전기전자공학과를 나왔다고 전구를 잘 갈아 끼우는 건 아니다! 순돌이 아빠처럼 전파상(?)을 차리지도 않았다!). 몇 십 년 뒤인 지금

책을 쓰다가 불과 얼마 전 알게 된 사실이지만, 아버지는 당신이 인문-정치 쪽을 공부하다가 너무 힘드셨기에 나는 편하게 살길 원하셨단다. 나는 평생 반대로 생각했었다. 내가 이상적인(아님 배고픈?) 인문학을 할 만큼 큰 사람이 못 될 거라 여기셨다고. 결국 자식은 부모의 큰마음을 헤아리지 못하는 존재인거다.

많이 돌아왔지만 그래서 지금의 내가 더 감사하다. 돌아오면서 세상의 다양한 직종들을 경험했기에 이렇게 책도 쓰고 있으니! 중년이 된 첫째는 이제 부모님과 그 세대도 이해되고 그럴 수밖에 없었던 모든 세월이 다 이해가 된다. 중고딩 때 어떻게 알겠는가, 신의 섭리이든, 우주의 운행이든, 평생의 삶이 새옹지마인 것을…!

3장.

새벽별과 저녁별

내 고등학교 시절 3년은 별과 노을과 친했던 시기였다는 생각이 든다. 좋게 얘기하자면 그렇고, 좀 안 좋게 얘기하면 우울한 첫 암흑기가 아니었을까 싶다. 처음인 이유는 이후 인생에 많은 어둠들이 찾아오니까 그런 거고. 돌이켜보면 어떻게 버텼지 싶은 나날들이었다. 공부 외에 뭘 한 기억이 없다. 그래서 지금 남아있는 친구도 거의 없고… 이미 고등학교 때부터 입시라는 경쟁에서 친구들을 밟고 올라서야 하는 안타까운 상황으로 내몰리는데, 누구를 만나서 사귀고 깊은 대화를 하고 마음을 나누겠는가, 공부할 시간도 없는데… 그때나 지금이나 변함없는 사회 분위기와 교육정책 그리고 수능을 위해 달려가고 있는 중고등 학생들을 보면 어떤 꿈과 미래를 지니고 있는지 알 수는 없지만 마음이 아플 뿐이다.

새벽별을 보며 집을 나섰고 저녁별을 보며 학교에서 돌아왔다. 쉬는 날? 함께 했던 가족이나 친구들과의 기억보다는, 노을이 지는 가운데 그들의 뒷모습을 아련히 쳐다보며 독서실로 향했던 내 모습이 떠오른다. 약간 우울했을지는 몰라도(사실 많이 우울했다) 그만큼 공부를 열심히 했다는 반증의 기억이라 생각하며 그때의 나를 대견해할 수밖에. 무궁화호 회담(?) 이후 인문계 고등학교에서의 3년 동안 정말 열심히 했다. 누군들 열심히 안했겠냐고 말할지 모르지만, 나는 집안 여건이나 주변상황 때문에 더 열심히 할 수밖에 없었다. 그리고 가진 게 없는 이들은 가진 게 열심뿐이라 그거라도 해봐야한다. 사회구조와 환경을 탓하지 않으려면…

　빵빵이가 어떻게 돌았는지 중학교 친구들 대부분이 D고등학교를 갔는데 나를 포함한 몇 명만 B고등학교를 갔다. 그리고 그 학교에는 바로 옆 O아파트의 좀 산다는 집 자제분들이 많이 다녔다. 내가 그때나 지금이나 돈 때문에 위축되거나 하는 사람은 아니다. 물론 계산이 빠르고 많이 아껴서 좀 없어 보일 때가 있긴 하다, 하지만 그것도 나 자신에게 인색한 것, 필요 없는 물건을 안 사려 노력하는 것, 돈을 쓰고 싶지 않은 사람에게 쓰지 않는 것 등에 해당되는 내용이지 쓸 때는 쓴다! 역시 말이 길어지면 변명 같아 보인다. 여하튼 돌아가서, 위축되지 않은 줄 알았는데 지금까지 정확히 생각나는 상황들이 있다는 건 위축되었다는 증거인가?

어떻게든 뒤지지 않으려고 그 당시 호황이던 천호동 단과학원을 1~2만 원 주고 다닐 때, 그 동네 친구 중 한 명이 거의 100만 원짜리 과외를 하는 걸 봤다. 1990년대 초반에 말이다! 한 번은 다른 친구 집에 놀러가서 속으로 깜짝 놀란 적도 있다. 지금으로 치자면 고급 펜션 같이 천장이 뻥 뚫린 복층 구조였는데, 당시에는 본 적도 가늠할 수도 없는 막 큰 평수에 그냥 궁전이었다. 우리 집 네 식구가 5층 아파트의 조금 좁은 평수에 살 때였으니 더 그렇게 느꼈을지도 모르겠다. 지금 문득 생각나는 그 해 여름은 왜 또 그리 더웠는지, 5층 아파트의 5층에 살면서 오죽 숨이 턱턱 막히고 답답했으면 호스로 옥상에다가 물을 뿌렸을까. 그리고 이 책 뒷부분(4막)에도 한 번 더 나오겠지만, 90년대 초 여름은 정말 덥고 힘들었다! 어쨌든 거기서 2년 남짓 두 번의 여름, 두 번의 겨울을 보냈다. 사이클을 타고 새벽별과 저녁별을 보면서. 이 와중에 하나 더 웃픈 사연은 자전거를 두세 번 도둑맞았다는 것이다. 그 당시 묶어놔도 공구로 자르고(심지어 바퀴 한 개만 남기고) 자전거를 훔쳐다 파는 놈들이 있었다. 부자 돼서 소고기 먹으며 잘 살고 있는지 궁금하다!

괜히 사이클을 타고 새벽별을 본 게 아니다. 고등학교 시절 내내 가장 먼저 등교했다. 솔직히 말하면, 나 아니면 다른 한 친구였다. 나만큼 작았지만 강단이 있으면서도 착한 친구였다. 별명은 버섯돌이, 나는 아톰, 둘 다 헤어스타일 때문에 그렇게 불렸다. 이 친구는 다음 장에도 잠시 나온다. 어쨌든, 그 친구는 어땠는지 몰라도 나는 지기 싫어서 학교에 일찍 갔다. IQ가 얼마이든 머리가 좀 떨어지면 그만큼 열심히 하면 된다고 생각했다. 비싼 과외가 아니어도 내가 할 수 있는 걸 열심히 하면 된다고 믿었다. 나는 지금도 그렇게 생각하고 믿는다. 물론 사람마다 타고나는 기질, 잘 하는 분야가 다를 수 있다. 그런데, 우리의 문제는 그게 무엇이든 '내가 잘 할 수 있을까?'라며 자신에게 자동반사적으로 의구심을 던진다는 것이다. 나 또한 확실히 그렇다. 고등학교 때도 그랬고, 지금도 그렇고, 아마 앞으로도 그럴 것이다. 하지만 세월이 흐르며 조금은 달라진 것이 있다. 고등학생 때는 절박하니까 믿고 싶은 대로 믿었다면, 지금은 아직 결과가 나오지 않았음에도 믿는다는 것이다. 가슴이 떨리고 잠을 못 자는 한이 있어도 말이다. 왜? 그게 무엇이든 '하면 된다!'라는 막연한 듯하지만 확실한 믿음이 있기 때문이다. 당연히 처음부터 그랬을 내가 아니다. 연륜이 쌓이고 소위 깡이 늘면서 단단해져 가는 게 사람이기에 나도 그렇게 되어 가는 것이다. 아직 속이 겉보다 느리다는 게 흠이지만.

평범해 보이지만 무료하면서도 치열한 입시중심의 삶이 흘러간다. 그때는 4당 5락, 3당 4락 이라는 얘기까지 있었다. 몇 시간을 자느냐에 따라 입시의 성패가 결정된다는 웃픈 얘기. 그만큼 열심히 해야 한다는 뜻이었지만 나를 비롯한 많은 친구들이 그 시간에 얽매였으리라. 그래서 전날 새벽공부 이후 졸린 눈을 비비며 등교하고 졸음을 이기기 위해 허벅지를 꼬집는다. 2교시 후 점심도 시락을 까서 먹고 점심시간 공부시간을 확보한다. 그만큼 시간이 아까운지라 매 교시 쉬는 시간 10분 동안도 자리를 뜨는 친구들이 거의 없다. 그도 그럴 것이 내가 속한 반은 이과 여덟 반 중 1, 2등을 다투던 반이었다. 소위 우열반 중 우반. 반 등수 곱하기 2를 하면 전교 등수였으니 한 반 안에서도 얼마나 경쟁이 치열했겠는가! 지금도 그 분위기가 느껴진다. 근데 지금 생각해도 참 웃기는 게, 이과 학생들은 과학과목인 물리, 화학, 지구과학, 생물 중 2개를 선택해야 한다는 것, 그래서 나뉘는 물지, 물생, 화지, 화생반 중 한 반으로 가야하고 거기에서 이미 우열반이 나뉜다는 것. 누가 만든 건지 모르겠으나 참 그렇다!

참 그랬던 상황은 뒤로하고, 두 친구 얘기를 잠시 하고 싶다. 반에서도 1, 2등을 다투고 전교에서도 1, 2등을 다투던 친구들, 한 명은 정말 모범적인 성품에 하루 종일 움직이지도 않을 정도로 공부하던 노력형 천재였다(나는 이 친구를 따라했다). 다른 한 명은 쫌 사기 만화 캐릭터, 키도 크고 얼굴도 허옇게 멀끔하게 생겼는데 그냥 공부를 잘한다. 진짜루! 수학을 눈으로만 보는 것 같은데 잘하는 타고난 천재. '아놔!' 수학은 연습장에 죽으라고 풀어야하는 건데 말이다! 더 짜증나는 건, 공부할 때 쓰던 안경을 벗으면 더 멋있다는 함정, 심지어 그 〈슈퍼맨〉의 클라크 친구는 O아파트에 살았다. 역시 신도, 세상도, 인생도 불공평한 건가…? 어쨌든 나의 최선은 노력형 전교 1등 친구만큼 자지 않고 공부하려 노력하는 것뿐이었다. 손이 아닌 눈으로 공부하는 타고난 전교 1등은 그저 부러

위할 수밖에 없는 것이고, 역시 '노력도 타고나는 건 못 이기나?' 어린 마음에 궁금 어린 좌절을 맛보기도 하면서… 이제는 문득 궁금하다. '두 친구는 뭘 하고 있으려나? 건강하게 살고 있겠지…?'

한편으로는 무엇을 위한 열심이었나 싶다. 하지만 가치 있는 학창시절이었다고 믿는다. 많이 힘들었지만 그럼에도 웃고 울었던 추억들에 감사하다. 지금도 그때의 열심과 열정이 있다면 얼마나 좋을까 생각한다. 정석이든 해법이든, 사람 대 사람이든 연두색 책이든, 영어와 수학 책을 닥치는 대로 다 외울 때까지 공부했다(요즘 아이들은 무슨 문제집과 자료집들이 그리 많은지 부러우면서도 한숨이 난다). 그래서 하루에 영어와 수학은 무조건 몇 시간 할애해서 빽빽이(또는 깜지)를 평균 10장을 썼고, 그러다보니 모나미 153볼펜 하나를 삼사일 안에 다 써서 중지 손가락 손톱 위에 굳은살이 박이던 시절이었다. 지기 싫다는 오기로 열심히 했던 그 시절의 나, 지금 그렇게 하면 무엇이든 못 할까! 하루 종일 차갑게 식은 저녁도시락(도시락을 두 개씩 싸서 가지고 다녔다)을 먹고 어학실에서 자정까지 야자(야간자율학습), 그렇게 학교에서의 하루가 끝나면 페달을 밟으며 집으로 향한다. 저녁 별들의 위로와 함께 피곤한 뿌듯함을 느끼며… 글을 쓰다가 문득 드는 생각은, '28년 전의 별들이나, 2020년의 하늘에 보이는 별들이나, 지금은 존재하지 않을 수도 있는 별들의 까마득한 과거의 잔상이고 메시지일 텐데…' 무한한 시간 앞에서 인생의 무상함과 한없는 겸손을 느낀다. 참고로 나는 천칭자리다. 그래서 그렇게 균형 잡힌 삶을 살고 싶어 하나? 잘 그러지도 못 하면서…

4장.

"내 인생 책임지실 건가요?!"

고3, 현 대한민국에서는 부모님을 비롯해 아무도 건드릴 수 없는 존재들이다. 중2와는 또 다른 뉘앙스와 차원의 종족, 그들의 1년은 모의고사로 시작해서 입시시험으로 끝난다. 지금은 수능으로 출발해서 수많은 가짓수의 수시를 거쳐 정시에 이르기까지 오랜 여정을 거쳐야하지만, 우리 때는 학력고사 한 번으로 모든 게 결정되었다. 특히 당시의 학력고사라는 입시제도는 '선지원 후시험', 소신지원을 할 것이냐, 안전하게 하향지원을 할 것이냐, 아니면 끝까지 눈치싸움을 할 것이냐의 문제부터 고민해야 했다. 이 얘기는 뒤에서 다시 하기로 하자.

그럼 먼저 모의고사, 학력고사 전 1년 동안 몇 개의 평가기관에서 다양한 유형과 난이도의 모의학력고사를 수차례 봤다. 그중에서 가장 강렬한 기억으로 남은 것은 처음과 두 번째의 시험이다. 첫 시험의 긴장을 뭐라고 설명할까, 마치 진짜 학력고사를 보는 기분이랄까? 초중고 11년 동안의 험난한 공부여정(사실 이게 문제다. 그렇게 오랜 시간을 한 번의 입시로 수렴을 시키다니)을 처음으로 테스트 받는다고 생각하니 얼마나 떨렸겠는가! 그리고 실제 그렇게 느낄 수밖에 없었던 이유는, 시험을 보기 전 내가 가려는 학교와 학과를 실제처럼 지원하기 때문이었다. 그리고 시험결과가 나오면 전국 모의고사를 본 학생들은 실제처럼 당락여부를 결과지로 통보받았다는 사실! 지금 생각해봐도 정말 짜릿하거나 또는 잔인하거나 그런 시대였다.

여기서 웃기는 얘기 한 가지, 그럼 나는 어느 학교 무슨 과를 지원했을까? 항상 S대 무기재료공학과였다. S대는 그렇다 치고 무기재료공학은 뭘까? 뭐하는 곳인지도 모르는데 이름만 보고 멋있어 보여서 지원했다. 알고 보면 예전에는 요업공학 지금은 세라믹공학으로도 불리는, 쉽게 말하면 도자기 관련 점토재료 등을 연구하는 분야인데, 무기(weapon)라는 단어가 들어있어서 그랬는지 착각 또는 자기최면을 걸었던 것 같기도 하고… 나중에 한두 번 지원한 도시공학과도 마찬가지로 이름 때문에 끌려서 지원한 것으로 기억한다. 어쨌든 당차게 지원하고 떨면서 시험을 본 결과는 '합격', '아, 원하는 대학에 갈 수 있겠구나!' 꿈에 부풀었다. 금상첨화는 전교 1등, 고등학교 처음이자 마지막이었다. 약간 민망한 건, 시험이 쉬웠는지 친구들 세 명과 공동 1등이었다는 것… 그래도 그게 어딘가? 교장선생님이 네 명을 불러서 상까지 줬다. 다색볼펜, 지금은 흔하지만 그때만 해도 굉장히 귀한 아이템이었다. 그것도 샤프까지 딸린 비싼 외제볼펜! 지금의 여러분은 감흥이 없겠지만, 잠시 그때를 추억하며 감정을 담았다. 죄송…! 그리고 이렇게까지 쓰는 이유를 짐작하시겠지만, 절박했던 그 당시의 내게는 자신감을 한껏 불어넣어준 상징적 사건이었기 때문이다. 1년이 그렇게 쭉 갈 줄 알았다.

그런데, 두 번째 모의고사에서 천국에 있던 나는 날개 없는 천사가 되어 지옥으로 추락했다. 위에도 언급했지만 평가기관마다 유형과 난이도에 차이가 있었다. 지금 기억으로는 D기관, 참 까칠하고 어려운 문제들로 도배를 했다. 결과는 참담했다. 점수는 터무니없이 떨어지고 지원한 학교, 학과에서도 떨어졌다. 여린 마음에 엄청난 충격이었고, '아, 어떡하지…' 울고 싶은 심정이었다. 겨울마다 수능을 보고 결과에 따라 희비가 갈리는 입시생들의 마음이 그렇지 않겠는가, 단 한 번의 시험으로 12년의 학창시절과 미래가 결정되는데 만약 삐끗해서 한꺼번에 그 모든 것이 와르르 무너진다면! 그 때 그 기분을 처음 느꼈다. 좌절, 분노, 스스로에 대한 실망, 한없는 슬픔, 그리고 포기 직전의 패닉, 공황 상태까지, 심각했다…

집으로 돌아와 방에 새우처럼 웅크리고 누웠다. 그냥 그럴 때가 있다. 가만히 있는데 눈물이 흐를 때가… 가끔 생각하는 거지만 흐느낄 정도의 소리도 못 내고 우는 것만큼 처절한 울음은 없는 것 같다. 옆방에 어머니가 계셔서 그랬던 것 같다. 그런데, 방문 틈으로 잠깐 어머니가 그런 나를 보시고 지나가는 느낌이 든다. 나는 더 슬프게 울었다. 항상 어머니는 그러신다. 알아도 모른 척, 힘들어도 안 힘든 척, 아파도 안 아픈 척, 자식들을 생각하는 마음을 자식들은 따라갈 수 없다. 요새 부쩍 여기저기가 편찮으신 것 같아 마음이 좋지 않다… 그 사건 이후 나는 머리를 밀었다. 심기일전, 와신상담, 뭐 좋은 말들이 많지만 간단하게 표현하자면, 이를 악물고 독을 품었다?! 어릴 때부터 콤플렉스였던 머리숱을 다 내려놓는다는 건 어지간한 결단이 아니면 불가능한 일이었다! 뭐 한편으로 아가들 머리 미는 효과를 내심 기대하지 않은 건 아니었는데… 효과는 없었다('된장…!'). 천국과 지옥을 오갔던 1, 2차 모의고사 기간은 그렇게 지나갔다.

그 이후 얼마나 무식하게 공부했는지 말할 필요는 없을 것 같다. 머리가 뛰어나지 않으면 몸이 고생하는 건 어쩔 수 없는 거니까. 중요한 건, 이제 겉멋 지원이 아닌 진짜 인생 진로 및 직업을 위한 학과 선택을 해야 하는 순간이 다가왔다는 것이다. 그래도 머리가 좀 굵어졌다고 혼자 많은 고민을 했던 것 같다. 현실적인 부분, 미래 가능성에 대한 부분 등. 부모님이 원하셨던 기술에는 여러 종류가 있었다. 건축학과, 전기전자공학과, 그 당시 앞으로 유망하다는 도시공학과와 산업공학과 등. 그런데 그 중 내 판단에 이상과 실리를 동시에 취할 수 있는 가장 훌륭한 기술은 의술이었다. 그래서 결정한 진로는 의대, 좀 더 자세하게 말하면 치의대였다. 일반의대는 너무 오래 걸릴 것 같고, 한의대는 그 당시 인기가 하늘을 치솟았고, 그래서 치의대가 적당해 보였나보다. 그래도 아직은 순수했던지 슈바이처처럼 아프리카에 들어가지는 못하겠는데 의사로서의 사명에 대한 부담은 있고, 그래서 빨리 졸업하고 경제적으로 여유를 갖추고 돈으로 선교하거나 의료봉사를 해야겠다는 아름다운 미래를 그렸다. 사실, 이것도 김칫국이고 비겁한 변명인 게, 아직 되지도 않았을 뿐더러 생각처럼 된다고 해도 내 명분 챙기고 내 마음 편하자고 하는 계획이었다. 이상주의자 같지만 겁 많은 현실주의자였던 것이다.

아마 그때부터 소위 '의대병'에 걸린 것 같다. 명분도 실리도 챙겼으니 이것보다 확실한 내 미래는 없었고 최

고의 선택이었다. 이제는 되게 하기만 하면 됐다. 그래서 지원 학교와 과가 바뀐다. S대 무기재료공학과에서 Y대 치의예과로. S대에도 과가 있지만 도전하기에는 조금 무리가 있다. 앞에서도 말했지만 학력고사는 선지원 후시험 제도, 한 번의 실수도 용납되지 않는다. 그래서 몇 번의 모의고사 테스트를 거친 후 결정한다. 나름의 소신 및 하향지원으로. 드디어 원서접수 기간, 예상치 못한 어이없는 일이 발생했다! 학교에서 고3 학생들 지원 학교와 과를 점검하고(특히 우반), 최종적으로 교감선생님이 사인을 한다?! 그런데 내 원서를 통과시키지 않는다. 이유는 이렇다. 우리 반 버섯돌이 친구가 Y대 치의예과를 지원했으니 나는 S대 공대를 지원하라는 거다. 한 반에 두 명은 안 된다고. 이게 말인지 막걸린지 모르겠다! 학교속셈이야 뻔한 거 아닌가, 과는 상관없으니 나중에 S대 몇 명 보냈다고 홍보해야 하니까. 그건 다른 말로 하면 학생들이 어떤 진로를 선택하든 관심 없다는 말 아닌가, 진짜 나빴다!!

어디에서 나온 용기와 배짱이었을까? 그때부터 교감선생님 책상 앞에 서 있었다. 사인해달라고. 그 시대 그 정도 상황이면 일개 학생이 높은 교감선생님에게 소위 막 '개긴' 사건이다. 그래도 물러설 사안이 아니지 않은가, 내 인생이 걸린 문젠데! 몇 일 동안 하루 종일 서 있었다. 교무실 안이니 모든 선생님들이 계시고 학생들이 왔다 갔다 한다. 교감선생님은 내가 그러고 있든 말든 없는 사람 취급한다. 원서접수 마지막 날까지. '참나!' 지금 생각해도 너무 어이가 없다. 왜 그걸 학교가 결정하나?! 표현은 못하지만, 화도 나고 창피하기도 하고 얼굴이 붉다. 꼿꼿이 서 있으려 노력했으니 다리도 저리고 몸은 굳고 여기저기 아프다. 오후가 되었고, 이제는 진짜 원서를 접수하러 가야한다! 필사의 각오로 입을 뗀다. 마지막으로, 다시 한 번 용기를 낸다! 등에는 식은땀이 흐르지만 더 이상 착한 척 샤이 보이로만 살 수는 없다! 19세의 소년은 그렇게 세상에 처음으로 도전장을 당차게 내민다! "내 인생 책임지실 건가요?!"라고!! 사실 그렇게까지 당차게 외쳤는지는 기억이 잘… 마지막 날 오후, 나는 Y대 치의예과에 원서를 접수했다.

사실, 어른이 되어도
우리는 제 2, 3, 4의 질풍노도의 시기를 살아간다.
두렵고 힘들어도 그렇다고 말하지 못한다.
알든 모르든 우리는 어떤 방향을 선택해야 한다.
가다가 멈추게 될지라도,
돌아오는 한이 있어도,
외로워도 슬퍼도 우리는 캔디처럼 나아가야 한다.
그렇게 하루하루를 살아간다, 버티면서.
그게 인생이니까…

제2의 질풍노도

1장.

마지막 학력고사, 처음으로 신을 원망하다!

　20세기 말, 우리나라의 문화대통령으로 군림하게 되
는 서태지와 아이들이 '난 알아요'로 데뷔한 해가 1992년
이었다. 그리고 그 해는 마지막 학력고사가 치러지던 해
였다. 1970년대 초중반에 태어난 세대들이 참 쉽지 않게
살아왔다는 느낌을 받는 건 나만의 느낌인가? 시대 속 어
떤 과도기적 순간순간들이 있었다면, 항상 그 자리에 어
김없이 참석한 느낌이다. 어쨌든 나는 그때 학력고사라는
시험을 마지막으로 본 고3이었다. 바로 앞 장에서 당차고
자신 있게 지원을 했으니 이제 시험만 잘 보면 된다. 기회
는 한 번, 반드시 그 기회를 붙잡아야 한다!

　매년 입시철이 되면 수험생을 자녀로 둔 가족들은 말
할 것도 없고 온 나라가 비상이다. 시험 직전 시험지 수송
작전에, 당일 아침 많은 기관과 회사들의 늦은 출근, 학

업을 잠시 쉬는 중고생들은 꼭두새벽부터 응원판을 들고 선배들을 응원하러 고사장으로 향한다. 혹시라도 긴급한 수험생을 위해 대기하는 경찰차와 오토바이들까지 한마음으로 긴장한다. 얼마 전, 2019년 수능날 아침에도 사이렌을 울리는 경찰차를 중심으로 모세의 기적이 일어났다! 더 대박은 수험생을 태운 경찰차가 고사장 학교 정문을 뚫고 돌진하는 영화 같은 장면!! 그런 결단을 한 두 분의 경찰아저씨들이 진짜 멋있다! 앞으로 그 학생의 인생이 어떻게 흘러갈지 누가 알겠는가? 어쨌든 12년의 고생을 격려하고 그들의 앞날을 응원하는 마음은 전 국민이 같을 것이다.

특히, 부모님들 그 중에서도 어머니들의 마음을 그 누가 헤아릴 수 있을까? 수능 보는 목요일만 되면 신기할 정도로 딱 맞춰 닥치는 입시 한파이지만, 그렇게 절벽처럼 뚝 떨어진 기온도 자식을 향한 뜨거운 모성을 이길 수는 없는 듯하다. 손이 얼 정도로 추운 날씨지만 어머니들은 고사장 철문 앞에서 하루 종일 기도하신다. 촛불이든 떡이든 부적이든 시험시간 내내 그렇게 정화수를 떠 놓고 간절하게 비신다. 매 교시, 아들딸들과 함께 당신들의 방법으로 시험을 보고 계신 것이다.

돌아가서 92년 학력고사 당일, 나에게나 어머니에게나 춥고 절박한 하루였음을 길게 말할 필요는 없을 것 같다. 요즘 수능보다 늦은 12월의 입시한파는 정말 살을 에는 것 같은 추위였다. 몸도 마음도 언 상황에서 한 번에 모든 게 결정 나는 시험을 치러야하는 절박함은 배수진을 친 장수의 그것이었다. 그리고 그 당시 어머니들의 위대함이란! 모든 것을 얼려버릴 것 같은 그 추위 속에서 위 단락의 풍경처럼 기도하신다. 우리 엄마도 나를 위해 그렇게 기도하신 듯하다. 아들의 절박함 이상으로 매 시간 간절하게 기도하셨다고 들었다. 그렇게 최후의 마지막까지 부모와 자식이 정성을 다해서 준비하고 치러내는 인생 최대의 숨 막히는 전투는 오후에 끝이 난다. 그때나 지금이나 이해되지도 마음에 들지도 않는 입시제도이지만, 어쨌든 그 날 만큼은 수험생들 모두가 인생의 챔피언이었다! 역사 속 모든 수험생들에게 박수를 보낸다!

큰 시험 후 달콤한 휴식도 잠시, 결과를 기다리는 하루하루의 시간은 너무 더디게 간다. 지금처럼 다양한 방법으로 여러 군데를 지원하는 것이 아니니 준비할 것도 없다. 오직 붙느냐 떨어지느냐, 사느냐 죽느냐의 기로에 서 있는 것이다. 드디어 운명의 날! 나는 낙방했다…!!! 그 것도 그렇게 자신하던 수학 두 문제 실수 때문에. 실수도 실력이라고 하니 변명의 여지가 없고, 시험문제 난이도 조절 실패라고는 하나 그 또한 모두에게 적용되는 이야 기니 할 말 없고. 그냥 아무 생각도 하고 싶지 않았고, 하 고 싶은 말도 없었다. 나는 그저 실패자였다.

당돌하고 당당했던 고3 입시생의 결말은 그렇게 초라 했다. 아니 거의 종말 수준이었다. 창피 아니 쪽팔려서 얼 굴을 들 수가 없었다. 그도 그럴 것이, 동일한 대학과 학과 에 지원했던 버섯돌이 친구는 붙었으니까!! 생각해보라, 같은 반 친구 중 한 명은 붙고 한 명을 떨어졌다고. 내가 무슨 비극 드라마 주인공도 아니고. 이후 선생님들, 친구 들의 얼굴을 볼 수가 없었다. 그들이 어떤 위로의 말들을 했는지 기억도 안 난다. 졸업식에 얼마나 가기 싫었는지 모른다. 어떻게 다녀왔는지도 모르겠고… 그래도 그 친구 는 지금 치과의사 잘 하고 있겠지…?

낭랑 19세 형철이는 인생의 가장 중요한 순간 가장 커 다랗고 쓰라린 실패를 경험했다. 첫 경험은 그것이 무엇이든 자극이 세다. 기쁨도 슬픔도, 성공도 실패도. 지금 와서 생각해보면, 그 충격적인 경험이 나를 조금 더 단단하게 만들었다(물론 동시에 더 예민해지기도 했지만). 그리고 큰 실패를 경험한 사람은 동일한 실수와 실패를 용납하지 않기에 이후의 삶에서 실패보다는 성취의 빈도수가 높아진 것에 감사하긴 하다(물론 그만큼 치열하게 살아야 했지만). 하지만 그건 한참 뒤의 이야기고, 그때는 아니었다. 내 노력과 믿음이 배신당한 기분이었다. 인생이 바닥의 바닥으로 떨어진 것 같은 그 참담함은 이루 말할 수 없다. 그건 당해본 사람만 안다. 그렇게 낙심하고 화가 나고 슬픈 상태에는 그 어떤 말도 위로가 되지 않는다. '비가 온 뒤에 땅이 굳어진다'는 그런 말도 지금 세찬 비를 얼굴에 때려 맞고 있는 사람에게 할 말은 아니다. 지금 내 맘은 그 놈의 비 때문에 엉망이 된 땅보다 더 엉망으로 질척이고 있으니까…

어떤 말도 소용이 없으니 그저 위로주나 한 잔 하자고 갔을 것이다. 친구들과 갔던 길동의 2층 호프집, 그저 한두 잔 마시며 실없는 농담이라도 했을 것이다. 조금 취기가 올랐던지 나는 화장실로 향한다. 그동안 얼마나 참고 또 참았을까… 거울 앞에 섰는데 서글픈 눈물이 앞을 가린다. 언제 와 있었는지 모를 친구의 품에 안겨서 그저 하염없이 울던 고졸 어린이, 나는 그때 태어나서 처음으로 신을 원망했다. 그것도 불경하게(?) 호프집 화장실에서…! 모든 것이 이해되지 않았다. 노력도 믿음도 아니면? 신의 큰 뜻이 있겠지? 평생 이해하지 못하고 있는 그 뜻은 도대체 뭐길래! 내 미래를 내가 너무 계산한 건가? 그게 뭐 그렇게 잘못한 일이라고? 시간을 쪼개서 공부하는 한이 있어도 교회 예배는 소홀하지 않았던 나였다. 오히려 주일에 학원가는 것도 터부시할 정도로 지나치게 순종적(지금 생각해보니 율법적)인 나였다. 모두 나의 부족함이라 여겼다. 평생 신도, 부모님도, 선생님도 원망한 적 없었다. 그런데, 그때의 나는 신이 나의 앞길을 막았다고 믿었다. 그리고 확신에 찬 나는 울부짖음으로 신을 원망했다. 신이 너무 미웠다…! 이 얘기를 하고 있자니 그때가 떠오른다. 그 아픔이 다시 느껴진다. 그리고 다시 그 자리에 돌아갈 수만 있다면 그저 아무 말 없이 그 아이를 안아주고 싶다…

2장.
재수는 필수, 삼수는 선택?

이제 1993년 새해가 밝았다. 대학으로 진학한 친구들은 93학번이 되었고, 나는 그냥 재수생이 되었다. 사실 재수도 해봐야 그 마음을 안다. 한 끗 차이로 대학생과 재수생으로 신분차이가 생겼을 때 드는 생각, '내가 쟤들보다 못한 게 뭐지?', '내가 쟤보다 공부 잘 했는데…'라고 속으로밖에 말할 수 없는 답답함, '1년을 잘 참고 버틸 수 있을까…?' 재수생시절 그리고 군인시절 느껴지는 시간의 무한한 더딤은 겪어봐야 안다… 다시 마음을 잡고 무(無) 같이 평온한 상태에서 처음부터 출발한다는 마음으로 공부를 시작해야 하는데, 아무리 마음을 잡으려 해도 온갖 잡생각들이 날아들어 혼돈의 상태가 되는 그 시절… 그러다 지쳐 멍 때릴 때 드는 생각, '아, 배고프다…', '헐, 뭐 하냐 나?'

진로는 다시 오리무중이다. 신이 내 앞길을 막았으니 이제 나는 뭘 해야 할지 모르는 중이다. 입시에 실패하고 의대병이 고쳐졌다기보다는 '그 길은 내 길이 아닌가보지 머' 정도이다. 한동안 쳐다보지도 않던 공대의 학과들을 살펴보려니 아직은 관심 밖이다. 이과가 아니면 문과나 예술 쪽을 알아봐야 하나 싶고. 사실 재수라는 걸 하면 사람이 좀 성숙해지는 면도 있다. 시야를 좀 더 넓게 확장하기도 하니까. 인생의 실패는 그런 면에서는 유익한 것이다. 길을 잃고 방황하기도 하지만, 그 가운데 삶의 철학과 방향을 모색하니까. 그래서 나는 두 가지를 진지하게 고민한다. 앞에서 말한 문과와 예술, 구체적으로 말하자면 문과는 신학, 철학, 독일어 전공 그리고 예술은 드러머 Drummer(드럼 치는 사람) (난 Dreamer를 좋아하는데 비슷하네?)이다. 중고딩 시절부터 형이상학적인 것들에 대해 관심이 많았다. 그래서 언젠가는 하늘(?)의 인문학을 공부하고 싶었고 그래서 실제로 교차지원을 할까 고민했다 (그걸 서른이 넘어서 할 줄 누가 알았나? 8막 참고). 앞에서 읽으신 분들은 알겠지만, 중딩 때부터 악기 다루는 걸 좋아했던 내가 그때는 드럼에 빠져 있었고 그래서 이렇게 생각한다, '드럼을 죽으라 연습해서 드러머가 되면 되는 거 아냐?' 결국 그때 나는 둘 다 실행하지는 못했다. 그런데 지금 문득 그런 질문이 떠오른다, '재수할 때 왜 의

대를 다시 선택하지 않았지?', '신이 기억을 지운 건가?' 기억나지 않는다.

중고등학교 시절을 보통 질풍노도의 시기라 칭한다. 나는 이 책에서 재수~대학교 시절까지도 제2의 질풍노도라 부른다. 그런데 요새 생각해보면, 인생은 그냥 폭풍이고 태풍이고 토네이도고 용오름인 것 같다. 갑자기 잠깐 내리는 스콜이고 오래 막 내리는 집중호우고 지겹도록 길게 내리는 장마인 것 같다. 그리고 아무리 생각해도 내 세대는 진짜 한 번을 그냥 안 넘어가는 혼돈의 질풍노도 세대인 것 같다. 93년 재수생들을 다른 말로 이렇게 부르기도 한다, '학력고사 마지막 세대이자 수능 첫 세대'. 나 같은 재수생은 92년 전기(Y대 치의예과)와 후기(K대 치의예과), 93년 수능 두 번(8월, 11월), 결국 입시시험을 네 번 본 것이다. 정말 재수 없지 않은가?! 더 가관인 것은, 93년 한 해 동안 수능 전 입시관련 교육정책이 여덟 번 수정됐다는 것이다! 지금 생각해보면 고1 딸의 말처럼 '어이 털린다!(어이가 없네!)' 아무리 과도기라 하지만 너무한 거 아닌가? 그래서 우리는 이렇게 방향을 잡는다. '결국 국영수인가?!'

재수생들도 그들만의 리그가 있었다. 그 당시 가장 핫하고 힙한 학원은 서울역의 J학원과 노량진의 D학원이었고 시험을 보고 들어가야 했다. 나는 J를 선택했다. J만 들어간다면 요즘 이니셜로 스카이, 서성한은 따 놓은 당상이었다. 또다시 떨리는 마음으로 시험원서를 접수하러 갔다. 그런데 거기서 의외의 말을 듣는다. 학력고사 점수를 보더니 '무시험' 합격이란다! 병 주고 약 주나 싶지만 그래도 합격이라고 속없이 좋아한다. 그것도 엄청 뿌듯해하면서…! 하하… 길동에서 새벽에 좌석버스를 타고 S은행 본점에서 내려서 조금 걸어 학원에 도착했다. 하루 종일 창문도 없는 교실에서 공부하고(사실 수업 듣는 애들보다 혼자 알아서 공부하는 애들이 많았다. 나도 그랬고.) 저녁에 집으로 돌아왔다. 저녁밥은 학원 건너편 순두부찌개 집을 자주 애용했던 기억이 남아있다. 그렇게 노을을 보며 저녁을 먹기를 반복, 반년이 지나간다.

어느덧 새로운 형태의 시험인 첫 수능(8월)이 다가왔다. 그리고 93년의 수학능력시험은 이과든 문과든 선택과목이 무엇이었든 별 상관이 없는 시험이었다. 모든 영역 모든 과목 시험을 다 치러야 했으니까. 돌이켜봐도 참 황당한 시험이었다는 생각이 든다. 결국 국영수 등의 핵심과목 그리고 선택했던 과목들 외에, 공부가 얕았던 과목들 시험은 걍 찍어야 했다! 모르면 3번? 정확한 기억은 없지만 몰라도 열심히 풀었던 것 같다. '썩어도 준치'라 했던가, 고등학교 시절 3년 동안 열심히 공부했던 국영수 그리고 선택과목들 시험은 거의 다 맞았다! 나머지 여러 과목들에 대한 정확한 기억은 없지만, 총점을 통해 내가 전국에서 상위 몇 %였는지는 정확히 기억한다. 0.9%!! 창문도 없는 닭장 같은 곳에서 공부하던 나는 1차 수능결과로 모든 것을 보상받은 기분이었다. 그리고 이후 실제로 나는 2차 수능(11월)과는 상관없는 삶을 산다!

3장.

재수생의 닭장 탈출기

어이없고 바보 같았던 입시정책(8번 수정)과 여전히 미숙했던 수능문제 난이도 조절이 나에게는 인생 처음으로 행운을 가져다주었다. 1차 수능(8월)과 2차 수능(11월)의 평균점수 차이가 거의 30점(200점 만점에!)이나 났으니까 말이다!(1차와 2차 중 높은 점수를 제출하면 됐다) 물론 2차 시험이 그렇게 어려울 줄은 몰랐지만, 바로 앞 장에서 언급했듯이 1차 수능을 잘 봤던 나는 이미 다른 세상 사람으로 살기로 결정한 터였다! 하.하.하! 이미 이 세상 텐션이 아니었다는 증거는 명확하다. 1차 수능 이후 나는 J학원을 자퇴했다! 이것도 좀 웃긴 게, 무슨 학원 나오는데 자퇴서를 쓰는지 원! 어쨌든 그건 공식적인 탈출이었고, 이번 장에서는 재수학원 시절 용감했던(?) 몇 번의 탈출기를 추억해보고자 한다. 누구나 한번쯤 시도해보고 싶었거나 경험해봤던 짜릿한 순간들을 말이다!

나의 첫 탈출은 땡땡이였다. 재수생활도 이제 익숙해지는 동시에 조금 나태해질 무렵이었다(조금 쉼이 필요하다는 의미일 수도 있다). 날씨도 적당한 7월 초, 우연이었을까, 이른 등교 시간 친한 친구들이 학원 정문 앞에 모였다. 이제 들어가면 하루가 이대로 끝이니 들어가고 싶은 사람은 아무도 없었다. 왜 끝인지 잠시 설명하자면, 그 당시 J학원은 입구와 출구가 동일했다. 드나드는 문이 하나라는 얘기, 그리고 그 문은 군전투화를 신은 수위아저씨가 철통같이 지키고 있었다! 잠시 정적, 누가 먼저랄 것도 없이 우리는 슬금슬금 학원 뒤편으로 모인다. 그리고 내 무의식에서 튀어나온 한 마디, "영화 보러 갈래?" 옅은 미소로 답하는 친구들, 우리는 신나게 떠들며 서울역에서 종로3가까지 걸어갔다. 그리고 D성사였는지 맞은편 S극장이었는지 모르겠지만 우리는 크고 파란 요정이 웃고 있는 포스터를 발견한다. 얼마 전 실사판으로 재개봉한 〈알라딘〉이었다. 여기서 잠깐, 〈알라딘〉은 원래 1993년 애니메이션 영화로 개봉했으며 내가 원년멤버라는 사실!(어쩌라는) 우리는 오랜만에 마법양탄자를 타고 하늘을 날았고, 주제곡("A Whole New World")처럼 온 세상을 다 가진 기분이었다! 만약 그때 램프의 요정 지니가 기적처럼 '짠' 하고 나타났다면 우리도 3가지 소원을 빌 수 있었을 텐데, 아니 한 가지 소원만 들어준다고 해도 고마웠을 텐데! 영화 속 남자 주인공의 소원처럼 왕자 말고, 우리의 첫 번째 소원은 원하는 학교의 대학생이 되는 것 아니었을까? '아니, 왕자가 낫나?!'

두 번째 탈출은 말 그대로 진짜 탈출이었다. 그것도 앞에서 잠깐 언급했던 전투수위 아저씨로부터의 대탈출, 아니 그건 목숨을 건 도망이었다. 학원 입구를 조금만 더 디테일하게 설명하자면 이렇다. 예전 지하철이나 도서관 출입구에 있는 개폐기(은색 세 개의 봉)가 설치돼 있고 유일한 그 문을 저승사자가 시퍼런 눈을 뜨고 지키고 있는 그림? 왜 그런 무모한 탈출을 시도했는지 기억은 나지 않는다. 아마 엄청 급하고 중요한 일이 있었거나, 아니면 정말 참을 수 없었기에 자유를 위해 목숨을 걸었거나 둘 중하나 아니었을까? 후자라면 그때도 나의 엉뚱한 기질이 튀어나왔나보다. 어쨌든, 나는 심호흡을 한다. 그리고 아저씨가 잠시 시선을 돌리는 찰나의 순간, 개폐기 밑으로 미끄러지듯 빠져나와 학원 옆 몇 개의 건물을 스치듯 달리고 또 달린다! 뒤에서 쿵쿵 달려오는 아저씨의 발걸음이 느껴진다. 한 건물로 들어가 지하로 숨는다. '헉…헉…'

가쁜 숨을 겨우 참아내지만 가슴은 콩닥콩닥 뛴다. '설마 이 소리가 들리진 않겠지?' 무슨 호러 공포물도 아니고… '근데 내가 왜 그랬지?' 기억이 나지 않는다…

마지막 탈출은 1차 수능 이후의 당당한 자퇴였다. 이때부터 자아가 조금씩 강해진 걸까? 나는 부모님과의 상의도 없이 자퇴를 결정했다. 입시점수를 어느 정도 확보해놓았다는 자신감에서였을까, 아니 그것보다는 어디로든 떠나고 싶다는 마음이 훨씬 컸을 것이다. 아직도 미래에 대한 방향과 확신이 없는 상태였으니 그걸 찾으러 떠나는 순례자의 마음도 있었고… 참 이상적이고 낭만적이지만 철없어 보이는 모습이다. 교무실에서 자퇴수속을 밟은 뒤 나는 먼저 그 당시 어머니가 하시던 반찬가게로 갔다. 말씀을 드렸더니 항상 그렇듯 놀라지도 않으시고 그저 묵묵히 응원하신다. 그 즉시 나는 배낭 하나 달랑 메고 할머니가 계신 시골로 당차게 여행을 떠난다. 기차를 타고, 버스를 타고, 격포 바닷가에 도착한다. 하얀 거품을 일으키는 파도를 앞에 두고 검푸른 바위 위를 걷는다. 그리고 이제 이마에 송골송골 맺힌 땀방울을 닦으며 언덕 위 팔각정으로 오른다. 한 손에는 지팡이를, 한 손에는 〈천

로역정〉이라는 책을 쥔 채. 팔각정 창문으로 불어드는 바닷바람을 맞으며 냉커피를 마신다. 이런저런 생각을 하면서… 부안군 시내 서점에 들러 할머니께 드릴 선물을 고른다. 오랜만인데다가 갑작스런 손자의 방문에 할머니는 굉장히 반가워하신다. 그리고 어린 손자가 고심 끝에 골라 선물한 가죽 성경책을 기쁘게 받으신다. 2020년 현재 106세이신 할머니께서 글을 못 읽으신다는 걸 그때는 몰랐다!

1993년 12월 23일 성탄절 이이브(?)는 내 인생에서 빼놓을 수 없는 날이다. 먼저, 나의 재수생활의 마지막 날이자 답이 없을 것 같던 1년 동안의 인생 수렁으로부터 탈출한 날이었기 때문이다! 이 장의 서두에서 말했지만, 나는 1차 시험을 잘 봤고 그 점수를 제출했다, 어디에…? Y대 전기전자공학과에. 결국 나는 최선이 아닌 차선, 의술이 아닌 기술을 택한 것이다. 그래도 당시 제일 인기 있는 학과들 중 한 기술관련 학과에 지원한 셈이다. 그것도 특차전형으로!(수시처럼 미리 뽑는 전형이지만, 수능고득점자 중 학과정원의 10%를 뽑는다는 점이 수시와 다르다) 논술고사를 보고 다른 학교와 학과에 지원할 수도 있었겠지만 아직 아무데도 관심 없는 자가 무슨 그런 수고를 하겠는가? 결국 나는 Y대 공대생이 되었다. 다시 고민하고 다시 시작해야겠지만 어쨌든 대학생이 되었다는 건 큰 기쁨이자 감사였다.

12월 23일 저녁, 수화기 너머로 합격소식을 전하는 친구의 말을 처음에는 믿지 않았다. 공식발표일이 아니었기에 농담으로 여겼다. 잠시 뒤 진짜라는 걸 알게 되었을 때 그 희열이란! 바로 친구들과 번개, 먼저 학교를 다니고 있었던 녀석들은 자기 일처럼 기뻐해 주었다! 그리고 그날 저녁, 침대에 누운 채 천장을 보며 나는 소리 없이 울었다. 너무 기쁘고 감사해서. 양 볼을 타고 흘러내리는 눈물이 베개를 적셨다. 23일, 나는 세 가지나 되는 감사의 조건에 감격하며 눈물을 흘렸다. 방금 전 다음 날 있을 성탄절 공연 리허설을 마쳤다는 것에, 교제를 시작한 지 얼마 안 되는 사랑하는 사람과 그 준비를 같이 했다는 것에, 그리고 이제 예비대학생이 되었다는 것에… 내 인생에 그렇게 행복이 겹친 적이 없었다. 그때까지 경험했던 행복 중 가장 벅찬 행복이었던 것 같다. 평생 흘렸던 눈물 중 가장 감격의 눈물이었던 것 같다…

4장.

교양학부 공대생, 꿈을 검색하다!

74년생인 나는 X세대 94학번이 되었다. 문득, 선배인 386세대를 비롯해 후배들인 Y, Z, 그리고 슬픈 3포와 N포 세대에 이르기까지 우리는 각자 참 슬프고도 아름다운 세대를 살아간다는 생각이 든다. 여하튼, 신세대라고 불렸던 우리는 럭비공처럼 어디로 튈지 모르는 종족들이었고, 그도 그럴 것이 컴퓨터와 인터넷이 우리나라에서 붐을 일으키기 시작할 무렵의 과도기를 살았던 만큼 많은 정보와 유혹에 노출된 세대였다. 물론 컴퓨터라고 해봤자 지금의 핸드폰보다도 훨씬 못한 기능을 장착한 커다란 박스(?) 수준이었다. 인터넷(www)보다는 PC통신(하이텔/천리안/나우누리)이 대세였고, 연결도 잘 안 되고 느리고 비싼데 지직거리는 소리를 들으면서도 한 장면이 넘어가기를 기다렸던 우리였다(나만 그랬나? 그때는 무슨 인내심이 그렇게 좋았지?) 또 핸드폰 얘기하니까 당시의 시그니처 통신수단이었던 삐삐와 시티폰이 생각난다! 숫자로 말하며(1004, 486, 8282) 상대방을 호출했던 삐삐, 그리

고 너무 비싼 핸드폰 대신 들고 다녔던 발신전용 시티폰
(버스, 지하철이 움직이거나 심지어 뛰어도 끊어져서 공
중전화 부스 기지국 옆에 붙어서 전화를 했더랬다)이 간
지였던 시절이었다.

 그 와중에 나는 남들과 다르고 싶어서 카드형 삐삐
를 샀더랬다! 그리고 얼리 어댑터 early adopter, 빠른 이용자 가
아닌데도 구입한 017 벽돌 폰! 아마도 남들보다 뒤처지면
안 될 것 같은 조급함(?), 아니 앞서고 싶은 허세와 찌질함
의 그 사이 어디쯤에 있는 감정 때문 아니었을까? 웃기는
건, 사람들마다 제각기 다른 관심사다. 당시 특히 남자 대
학생들로부터 엄청난 인기를 누렸던 〈워크래프트〉는 하
지도 않고 지뢰나 찾고 있었던 내가 통신수단에는 그렇게
도 관심이 많았으니 말이다! 아무리 생각해도 내가 좀 이
상한 것 같다. 아! 아니면 대학생 시절 춤 말고는 연애에
올인했던 나였기에 그랬을 수도 있었겠다!! 어쨌든, 드라
마 속 한 장면 같았던 시절이었다. 몇 미터를 쌓아도 손톱
깎이만한 USB보다 저장 공간이 훨씬 적은 플로피 디스크
(5.2/3.5, MD/CD는 완전 고급)를 보며 "우와~!" 소리치
고, "미래엔 물도 사 먹겠다~!? 하하!!"라며 웃던 나와 친

구들의 모습이 〈응답하라 1994/7〉시리즈에 고스란히 담겨 나온다. 그래서일까? 주체성 없이 다 따라해야 한다고 생각했던 어른이 kidult 들의 모습을 보면서 옛날 생각에 미소 짓는다. 그래도 아련한 추억에 격하게 공감할 수 있는 건, 그 시대와 이 시대를 동시에 살고 있는 우리이기에 느낄 수 있는 감사한 격세지감이 아닐까…?

내 대학시절은, 이 책으로 따지자면, 다른 막들에 파편처럼 흩어져있는 내용들을 종합해서 연결하고 거기에 결혼을 덧붙이면 될 듯하다. 시간 순서대로 정리하면 이렇다. 재수 후 입학(직전 연애 시작) – 1학기 마친 후 입대(4막 1장) – 2년 후 제대 및 복학 – 2학년 마친 후 휴학 – 호주로 어학연수(4막 3장) – 결혼(2학년 겨울방학) 및 복학 – 3~4학년 대학생활 및 뮤지컬 팀(6막 1장) – 졸업 후 S전자 입사(5막 1장) 정도가 되지 않을까 싶다. 복잡해 보이지만 대학시절을 더 간단하게 정리하면 두 가지다. 아내와의 연애와 결혼 그리고 뮤지컬 팀에서의 춤. 뭐 하나에 몰입하면 그것만 집중하는 나에게 두 가지는 거의 전 20대를 쏟아 부은 분야였다. 거기에 대학생활과 전공공부가 포함되지 않는다는 게 아쉬움이랄까…? 눈치가 빠른 분들은 아시겠지만, 입학 직전 교제를 시작한 지금의 아내는 내 군생활과 어학연수 시절을 모두 기다려줬다. 그리고 2학년 겨울방학(26세가 되는 새해 1월) 때 결혼한 건, 내 딴에는 30세가 된 4년 연상의 아내와 최대한 빨리 결혼해야겠다는 어설픈 책임감으로부터 나온 생각이었던 것 같다. 그리고 그때는 '이 여자가 아니면 안 되겠다…!'라는 생각이었다. 지금도 그렇다!

대학시절 동안 내가 어디에 시간을 썼는지에 대해서 후회는 없다. 가장 중요한 걸 했으니까. 다만 나이가 들면서 돌이켜보니 대학생활을 충분히 누리지 못한 것에 대한 아쉬움은 남는다. Y대를 다니면서 K대와 하는 축제를 한 번도 못 가봤다. 학과친구들을 비롯해 친하게 지낸 친구들이 거의 없었고 그래서 지금도 연락이 되는 대학동기가 거의 없다(혹시 이 책을 보는 친구는 연락을 주길…). 한번은 친구의 친구로부터 "Y대 학생 맞아…?"라는 의심까지 받았더랬다. 신촌 주변 음식점과 술집을 너무 모른다고. 신촌에서 안 놀고 옥수동에 가서 춤 연습을 하거나 아내와 다른 동네에서 노니까 그럴 수밖에. 당시에는 아쉬울 게 없다고 여겼던 것 같다. 지금은 왜 그랬나 싶지만…

전공공부도 비슷했다. 원한 것도 관심이 있었던 것도 아니었고 뭘 하는지도 모르는 채 그냥 당시 인기학과를 특차로 들어간 것이기에 공부를 열심히 할 턱이 없었다. 그래도 명색이 Y대 전기전자공학과에서 나름 첨단의 컴퓨터 관련 학문을 배울 기회였는데 그걸 소홀히 여긴 것이다. 의대병 걸렸던 애가 재수하면서 드럼과 인문학을 엿보다가 이제는 춤과 연애에 빠진 걸 보면 어쩌면 공학은 처음부터 아니었는지도 모른다…!

그래서인지 나는 대학 시절, 전공보다 교양 수업을 더 많이 들었다. 실제로 졸업 이수학점 중 전공보다 교양이 많다! 대학은 교양을 쌓는 곳이라고 스스로 위안하며 그나마 그동안 못 해봤던 것, 해 보고 싶었던 교양들을 원 없이 들었던 것 같다. 과목들의 이름은 다음과 같다. 체력육성, 포크댄스, 수영, 스키 등 역시 몸 쓰는 수업이 많다. 그리고 이해(?)의 과목들, 연극의 이해, 우주의 이해, 여성 및 아동 심리의 이해 그리고 인기과목 청.갈.자.(청년기의 갈등과 자기 이해). 그때도 줄임말을 썼다! 더 놀라운 건, 아직도 그 책이 있다는 것!! 과목명들을 보며 드는 생각은 이렇다. '내가 그 때부터 세상과 인간 그리고 예술에 대해 그렇게 관심이 많았던가…?' 아니면 그렇게도 세상과 인간이 잘 이해되지 않았나보다. 그중에서 제일 기억에 남는 수업은 연극의 이해와 우주의 이해이다. 지금은 하늘나라에 계신 마교수님의 '연극의 이해', 교수님은 기말 고사 문제를 학생이 내고 스스로 풀게 하셨다(파격적이지 않나?!). 뮤지컬에 대해서 소신 있게 쓴 글로 A+을 받았다! '우주의 이해' 기말도 자유로운 과제 제출이었다. 당시 나는 MIDI(컴퓨터 음악)를 배우고 있었고, 'Genesis(창세기: 우주의 탄생)'라는 주제로 곡을 만들어 CD에 담아 제출했다. 성적은 그닥… 어쨌든 나는 대학에서 나름 진정한 교양인이 되어가고 있었다!

관심이라고는 하지만 사실 일종의 도피였는지도 모른다. 그리고 삶 속에서 도피의 대가는 항상 치르게 마련이고… 아침마다 정문 바로 옆에 있는 공학관(전공)을 지나서, 캠퍼스 저~쪽 끝에 있는 종합관(주로 교양)까지 달린다. 그냥 전공 수업을 들으면 될 걸 지하철역에서 15~20분을 뛰면서 사서 고생을 하는 것이다. 그런 식으로 도망을 다니니 학과 친구들이나 교수님들과 자주 어울릴 수도 없었을 것이고. 관심, 도피, 이해, 못 해봤던 것,

해 보고 싶었던 것, 그 이름이 무엇이든 어쩌면 그때 나는 교양 수업들을 들으며 무의식중에 꿈을 검색하고 있었는지 모른다. '내 꿈이 뭐였지…?'라고 자문하며 미친 듯이 춤을 췄는지도 모르고… 중고등학교를 거쳐 재수 및 대학 시절, 나는 제2의 질풍노도를 겪고 있었던 것 같다. 중년인 지금은 제3의 질풍노도를 겪고 있는지도 모르고.

이 장뿐 아니라 책 전반에 걸쳐 조금씩 녹아있는 나의 20대는 스펙터클했다. 당시의 사회가 그랬고, 내 인생이 그랬고, 내 안에서 끊임없이 꿈틀대는 꿈에 대한 열망이 그랬다. 물론 현실은 무시할 수 없는 것이기에 94학번이었던 나는 한 세기를 넘기며 2001년 졸업과 동시에 취업을 했다(5막). 오랜 시간이 지난 지금도 난 '꿈'에 대해 생각한다. '앞으로 난 어떤 꿈을 꾸며 살아갈까?'라며. 대학에서 진로에 대해 학생상담을 많이 하는 편이다. 그런데 학생들을 만나다보면 '꿈에 대해서는 얘기하면 안 되는 시대에 살고 있는 건가…?'라는 생각이 들 때가 있다. 너무 열심히 살아서 외국어도 몇 개씩 하고 취업준비도 거의 마친 학생이 있었다. 그런데 행복해보이지가 않는다. 그래서 조심스레 물었다. "그렇게 살면 힘들진 않아요…?" 갑자기 눈물을 흘린다. 가족과 교수님과 주변의 기대에 부응하며 이미 대학원은 따 놓은 당상인 학생이 주저하며 면담을 신청한다. 하고 싶은 다른 게 있어서 고민이란다. 그래서 내 의견을 얘기한다. "하고 싶은 거 하면 좋겠는데…" 또 운다… 아무도 그렇게 얘기해 준 사람이 없었던 거다. 현실도 돈도 중요하다. 하지만 그것 때문에 남들의 의견과 평가에 내 꿈과 인생을 걸 것인가. 꿈은 무엇으로 대체되는 것이 아니다. 다른 평계를 댈 필요도 없다. 정말 내가 하고 싶고, 잘 할 수 있고, 행복할 수 있는 걸 하며 살아야하지 않을까? 삶에서 의미와 가치를 찾으며 전달하며 살면 얼마나 좋을까? 이것 또한 철없는 이상주의자의 한여름 밤의 꿈일까…? 잘 모르겠다. 하지만 나나 지금 이 글을 읽고 있는 당신이나 살면서 한 번쯤은 가슴 뛰는 일을 하면 좋겠다. 도전하려면 지금 해도 된다. 아직 늦지 않았다고 나는 믿는다!!

인생은 외로움의 여정이다.
아니 원래 인간은 태생적으로
외로울 수밖에 없는 존재이다.
그래서 우리는 살면서 언제부터인가 외로움을 느낀다.
가족들, 친한 친구들,
그리고 수많은 지인들과 같이 있어도
때로는 소위 '군중 속의 고독'을 느낀다.
외롭지 않으려 함께 했는데 함께할 때
더 외로운 이상하고 슬프고
설명할 수 없는 상황에 빠진다.
그게 인생인가…?

외로운 존재임을 깨닫다

1장.

1994년, 그 해 여름

아마 추정해보건대 내 대학교 1학년 1학기 종강 및 여름방학은 1994년 6월 24일(금)에 시작됐을 듯하다. 그리고 그 날 저녁, 모든 기말고사 시험들이 끝난 후 과 친구들이 억지로 나를 호프집에 데려간 기억이 있다. 군대는 네가 처음이라고 기념하자며, 당분간 마지막이라며, 건강하게 잘 다녀오라며. 이후 5일 동안, 시골 할머니에게 인사하러 다녀오고, 정리해야 할 일들을 정리하고, 마지막으로 나는 저축해놓았던 얼마 안 되는 과외비로 별것 아니지만 어머니의 목걸이와 아버지의 시계를 샀다. 그 때의 깜냥에 뭐라도 해드리고 싶었나보다. 그리고 교회 드럼을 바꾸는데도 헌금을 했다. 나는 후진 드럼으로 쳤어도 후배는 좋은 드럼으로 치라고.

그리고 6일째 되는 날, 1994년 6월 30일, 소심한 첫째는 당차게 논산훈련소로 입대했다. 친구 한 명만이 함께 했던 그 날, 기억 속 하루는 긴장 속에 한 순간 필름이 지나가듯 순식간에 흘러간다: 연병장에서의 마지막 인사, 바로 거칠어지는 조교들의 언행, 모든 옷을 벗어 상자에 넣고 샤워를 하고, 부모님께 편지를 쓰고 등등. 그리고 첫째 날 저녁, 묘한 기분에 잠을 이루지 못한 채 눈물만이 핑 돌던 어스름한 기억이 남아 있다. 그렇게 하루가 지나간다.

1막 3장에서 잠깐 군대에서의 에피소드를 얘기했지만, 입대한 날 이후 제대까지의 그 기간은 참 많은 일들(경험과 사건사고들)이 일어난 인생의 중간기(괴물종족들이 사는 판타지세계?)였다. 다시는 돌아갈 수도 돌아가고 싶지도 않은 시공간, 영화에서나 일어날법한 상상할 수 없는 일들이 발생한 시기였던 것이다. 요약하면 이렇다: 입대하자마자 터진 황당한 세기의 대박사건, 무엇을 상상하던 그 이상으로 대단했던 그 해 논산과 대구의 여름, 그리고 인제-원통, 사고와 병원, 그리고 GOP 철책 생활과 삶에 대한 깨달음. 지금 생각해봐도 '어떻게 버텼을까?'싶은 꿈같은(아마도 호러나 공포) 시절이었다.

첫날밤 이후 몇 주는 정말 정신없이 흘러갔다. 무엇보다 불과 일주일 후에 터진, 특히 우리 같은 신병들에게는, 핵폭탄 같은 사건과 그 이후 이어진 그 해 여름의 기억은 평생 잊지 못할 것이다! 먼저 대박사건은 영원할 것 같았던 북한의 지존이 죽은 사건이다. 그 당시 누구도 상상하지 못했던 김일성의 죽음, 근데 그게 하필 내가 입대하자마자 8일 뒤에 일어난 일이라는 것이다! 뜨거운 여름이 시작되는 그 때, 민소매 런닝 바람으로 벽돌을 깔고 있던 우리 훈련병들은 조교로부터 그 얘기를 전해 들었다. "야! 김일성이 죽었대!!"

진심, 터무니없는 거짓말이라고 생각했다. 더워죽겠는데 진짜 짜증나고 열 받았다. 그런데 잠시 후 우리는 멍한 채 이렇게 생각했다, '타이밍이 참 죽이네', '아니, 우리 이제 죽었네…' 그리고, 전쟁이 발발하면 신병들은 총알받이로 최전선에 배치된다는 '카더라' 통신에 우리 동기들은 '진짜 죽을 수도 있겠구나…!'라고 믿어 의심치 않았다. 그도 그럴 것이 입대 얼마 전인 1993년 3월, 북한이 핵확산금지조약(NPT) 탈퇴를 선언해서 전 세계나 우리나라나 분위기가 안 좋던 중이었기 때문이다. 죽음의 공포도 잠시였을까, 그 소식 이후 우리가 얼마나 긴장 속에 잠을 못 잤는지는 기억나지 않는다. 그걸 다 신경 쓰면서 버티기엔 너무 덥고 피곤한 훈련병의 여름이었기 때문이리라. 역시 명언은 명언이다. '이 또한 지나가리라!'

하지만, 지나갔다고 하지만! 그것도 잠시! 또 다른 막강한 복병이 기다리고 있었다! 1994년, 그 해 여름은 너무너무 뜨거웠다!! 얼마 전인데 기억하시려나, 2018년 여름은 우리나라 대부분의 사람들이 혀를 내두를 정도로 더운 날씨였다. 그리고 그 해 여름 내내 회자된 년도가 1994년이었다. 그만큼 펄펄 끓었다고! 군에서 그 지옥을 경험한 나는 생생하게 기억할 수밖에 없다. 내무반 온도계가 40도에 육박했다. 살아남으려고 식당에서 소금을 손으로 퍼 먹었다. 잠시 집합한 연병장에서 철모 때문인지 동기가 하나둘 픽픽 쓰러졌다. 가장 힘들다는 화생방 훈련도, 마지막 행군도 취소되었다. 좋아하기엔 너무 가슴 아픈 이유에서였다. 바로 전 기수에서 한 친구가 훈련 중 먼저 하늘나라로 갔기 때문이었다.

기본훈련을 마친 후, 무슨 이유에서인지(이유가 있었다) 주특기를 의무병으로 받았다고 좋아했다. 그런데, 인생은 새옹지마라 했던가, 후반기 교육을 받기 위해 간 군의학교가 대구에 있었다! 안 그래도 분지라서 더운 지역인데 그 해 여름에 대구라니! 기억을 더듬어 상상만 해도 숨이 막힌다. 그리고 실제로 그 곳에서의 몇 주 동안은 공기가 뜨거워 제대로 숨을 쉴 수가 없었다. 다시 한 번 돌이켜봐도 수용소 같았던 그 곳에서 어떻게 버텨냈을까 싶다. 역시 신체를 뛰어넘는 건 정신일까? 모든 조건이 훨씬 더 좋았던 2018년 여름을 겨우 버텨낸 내가 군대에서의 1994년의 여름을 극복했다는 건 기적이자 은혜였다고 밖에 설명할 길이 없다.

혹서의 끝에서 가을의 초입으로 가는 즈음, 나는 기차에 몸을 싣는다. 동기 의무병들과 함께 더블백을 메고 일단 용산역으로 향한다. 그리고 거기서 전국 방방곡곡 배치된 곳으로 흩어진다. 자기만한 짐을 짊어진 왜소한 나는 북쪽으로 향하는 기차 그리고 버스를 탄다. 그리고 결국은 군에서 통용되는 유치한 지역조크를 듣는다. "'인제' 가면 언제 오나, '원통'해서 못 살겠네!" 그렇다. 의무병은 개뿔, 나는 동부전선 최북단 최전선에 배치된 것이다! 지금이야 1시간 반이면 가지만 그 때는 버스를 타고 꾸불꾸

불 강원도 온 동네를 지나고 산 넘고 물 건너 4~5시간을 가야했던 곳이다. 그리고 그 곳에서 겨울 같은 가을을 지나간다. 이후 또 하나의 큰 사건이 터지고 병원으로, 그리고 GOP 지대에서 북극 같은 계절들을 지나간다…

자대배치를 받은 후 이등병 시절, 앉아본 기억이 없다. 하루 종일 눈썹이 휘날리게 이리저리 뛰어다녔고 군화 끈도 선 채로 허리를 굽혀서 맸다. 의무대는 군기가 센 곳이었고 상식적으로 아무 것도 아닌 일이 그 때 그 곳에서는 율법이었다. 보통 사람은 이해가 안 될지 모르겠지만, 일반적으로 편하다고 여겨지는 의무대와 수송부(생명과 연관 된다 여겨짐)가 전방에서는 굉장히 힘든 곳이다. 오죽하면 동기인 앰뷸런스 운전병(낮에는 수송부에서 당하고, 밤에는 의무대에서 당하니 어땠겠나?)은 의가사 제대(몸이 망가져서 어쩔 수 없이 하는)를 했다. 그리고 겨울 같은 가을, 내게 그 사건이 일어난다. 겨울이 오기 전 부대에서는 장작과 싸리비를 만들기 위해 크고 작은 나무와 가지들을 모은다. 작업 중 나는 고참이 던진 통나무에 머리를 맞고 쓰러진다! 꽤 심각했던 상황들을 지나 병원으로 후송이 되고 나의 이등병 생활은 군병원에서

막을 내린다. 복귀 후 나는 GOP 철책으로 배치된다. 전방의 사계절과 아침저녁은 간단하게 말하면 둘 중 하나이다. 엄청 덥거나 또는 춥거나. 추울 때 지금도 기억하는 온도계의 눈금은 영하 27도! 이런 걸 얘기해도 되나 싶지만 (하고 있네…), 그 당시 소초 밖에서 오줌을 싸는 순간 반쪽짜리 포물선 모양의 얼음이 생긴다고 했다! 특별하고 신기했던 체험들이 많았던 그 때의 이야기를 다 할 수는 없지만, 중요한 건 그 시간들을 지나온 나 스스로에게 대견한 의문이 남는다는 것이다. '내가 어떻게…?!'

돌이켜보면, 세 번의 여름과 두 번의 겨울은 물렀던 나를 강철까진 아니더라도 조금은 더 단단하게 단련시킨 것 같다. 성인이라고는 하지만 평생 처음으로 부모님과 집을 떠나 사는 것이었다. 아니 살아남아서 살아내야 하는 삶이었다. 훈련소 첫 주일에는 동기가 많아 예배당에 들어가지도 못하고 숲에 앉아서 예배시간 내내 하염없이 펑펑 울던 나였다. 하지만 자대에서는 어디서 나온 용기인지 맞을 각오를 하고 교회를 가겠다고 했다. 나중에 제일 무서웠던 미친 개 K병장이 나를 인정해줬다. "저 XX는 일요일엔 교회 가야하니까 냅둬!" 겨울이면 항상 손 마디 마디가 터 있었고 주름 사이사이에는 검은 때가 묻어있었다. 빼치카(요즘은 존재하지 않는 벽난로(?) 같은 것)를 때기 위해 창고에서 조개탄을 맨손으로 수없이 퍼 담으며 '이러다 폐암으로 죽겠네'라고 생각했다. 바로 밑 행정병들이 근무하던 신 막사에서는 당연하게 나오는 뜨거운 물이 귀한 막사에 살았고, 막사만큼이나 구식인 고참들이 무서워서 재래식 화장실에 숨어서 빵을 먹으며 숨을 돌렸다. 그래도, 째깍째깍 국방부 시계는 돌아갔고 초코파이나 짜장면보다 콜라를 좋아했던 소심하고 여린 박 이병은 1996년 9월 초(당시 특명이 안 좋아서 군생활을 일주일 더 했다! 아뉘! 말년의 하루는 일 년 같다!!) 건강하게 제대했다. 그래서 나는 모든 대한민국 이력서에 당당하게 '군필'이라고 적는다!

2장.

'매는 빨리 맞을수록 더 아프다!'

'매는 빨리 맞는 게 낫다'는 말이 있다. 나같이 성격이
급하고 미리 무언가를 해 놓아야 직성이 풀리고 스트레
스도 받지 않는 사람에게는 맞는 말이다. 전적으로 동의
한다. 어쩌면 군대를 빨리 간 이유도 그 때문일 것이다. 소
심하기에 나타나는 급한 기질, 어차피 해야 하는 걸 남겨
두지 못하는 성격. 그런데, 물리적으로 빨리 맞는 경험을
하면 얘기가 조금 달라질 수 있다, '아, 빨리 맞는 게 훨씬
아픈 거구나!' 역시 사람은 몸으로 직접 체험해야 배운다.

앞에서도 언급했지만 의무대는 의외로 군기가 세다.
그래서 일이등병들의 군기를 잡는 소위 '짬'(또는 식기,
식판, 부대마다 다르다) 상병이 있다. 그들도 참 안됐다
싶은 것이, 병장 고참들 지들이 기분 나빠서 뭐라 뭐라 하
면 후임들의 군기를 잡을 수밖에 없는 위치이다. 그 당시
군대라는 조직이 참 웃겼던 게, 군기라는 명목 하에 어린
후임들에게 폭력을 행사했다. 탈탈 털어서 먼지 안 나는
사람이 있나? 청소도 마찬가지다. 아무리 닦아도 어느 창

틀이든 귀퉁이에 손가락을 대고 쓱 하면 먼지는 다 나온다. 근데 그것 때문에 쫄병들은 맞는다.

완전 초짜 이등병일 때는 하루 종일 쓸고 닦고 훈련하는 일 외에도 반드시 해야 하는 일이 몇 개 있다. 그 중 고참들 서열 외우기, 우리 동기 세 명은 저녁마다 짬 방(약제실)으로 불려가 몇 초 안에 45명 고참들의 계급, 이름, 몇 월 군번을 순서대로 정확하게 외워야 했다. 그래도 짬이었던 상병님은 합리적이었던 게, 먼저 외우는 사람은 얼차려나 맞는 것에서 열외를 시켜줬다. 이때도 나는 항상 먼저 외우겠다고 말하고 성공하고 열외의 상을 받았다. 그러던 어느 날 새벽, 자고 있던 내 어깨를 고참이 가볍게 툭 쳤는데 못 일어났다. 그런 상황에서는 자다가도 "이병! 박형철!!"하고 벌떡 일어나야 했던 시대이다. 그래서 바로 이유 없는 집합(못 일어났다는 이유), 이때는 열외가 없었다. 짬 상병님의 말, "누가 먼저 맞을래?", "제가 먼저 맞겠습니다!" 역시 먼저 나서는 나, 기다리면서 두려워하는 것보다 성급할지 몰라도 일찍 끝내는 게 낫다고 생각했다.

픽! 픽! 두 대? 세 대? 찰나의 순간 별이 보이며 상황이 종료된다. 엎드려있던 내 엉덩이에 꽂힌 매가 부러졌기 때문이다. 참 대단한 게 부러지기 쉽지 않는 소재(PVC 파이프, 군에서는 해가 진 후 불빛이 새어나가는 걸 막기 위해 매일 등화관제를 하는데, 창문을 가리기 위해 사용하는 두꺼운 비닐막 끝에 파이프를 매달았다)를 부러뜨리는 짬 고참의 내공! 가라데를 했다는 그 고참이 주먹으로 때릴 때도 겉으로는 티가 나지 않았다. 안으로 멍이 들뿐… 그 때 뼈저리게 느꼈다. 매는 빨리 맞을수록 아프다는 것! 왜? 때리는 분 팔의 스윙에 열정과 활력이 담기니까! 그리고 더 아팠던 또 하나의 이유, 자다가 깨서 맞으면 훨씬 아프다…!!

결국 그 날 새벽 나 혼자만 맞고 끝났다. 그래도 손해라고 생각은 안 한다. 그래서 내 동기들이 살아남을 수 있었으니까. 군대를 빨리 간 것도, 먼저 맞은 것도, 호기나 솔선수범은 아니었다. 어차피 피하지 못할 것이라면 빨리 끝내고 싶다는 생각 뿐, '피할 수 없으면 즐기라'는 말은 참 멋진 말이지만 참 어려운 말인 것 같다. 그래서 나 같은 사람에게는 '즐기지 못할 거면 빨리 맞고 얼른 끝내라'가 맞는 말이다. 멘탈이 여릴수록 몸이 힘들고 아픈 것보다 끊임없는 생각과 마음의 지속적인 긴장이 더 힘들다. 그리고 그런 상황이 지속되면 결국 몸이 아프고 나아가 생활에까지 영향을 미치게 된다. 참 아이러니한 건, 그렇게 머리를 빨리 굴리고 계산도 빠른데 꾀는 부리지 못한다는 것이다. 이게 천성이라는 것인가?!

군대에서의 추억(?)은 지금 내 기억에 남아있는 것보다 훨씬 많다. 현재까지 유지되면서 가장 먼저 떠오르는 사건들은 그 중에서도 강렬했던 기억으로 남아있는 것들이다. 위의 '먼저 맞는 매'에 대한 이야기는 그런 에피소드 중 하나이지만, 사실 군대에서 내가 경험한 매는 몸뿐 아니라 마음 그리고 인생에 대한 부분도 있었다. 그래서 원래 이번 장의 소제목을 '삶과 죽음에 대한 단상'이라고 할까 생각도 했었다. 너무 무겁고 어두워보여서 에피소드로 시작한 것이다. 그러면, 20대 초반의 형철이가 경험으로 느낀 삶과 죽음에 대한 고민의 이야기는 무엇이었을까? 2년 2개월 6일 동안의 군 생활에 도대체 무슨 일이 있었던 것일까? 개인적으로도 국가적으로도 많은 일들이 일어난 그 때였다. 인생은 역시 타이밍이다.

입대한 뒤 일주일만의 충격적인 사건은 전 세계의

관심을 받은 사건이었다(1장). 그런데 자대배치 받은 지 얼마 안 되는 10월에도, 입대한 지 딱 1년이 되는 95년 6월 29일에도 우리나라 역사상 잊어서는 안 되는 두 개의 커다란 사건이 일어났다. 다들 바로 기억할 수 있는 '성수대교 붕괴사고'(1994. 10. 21)와 '삼풍백화점 붕괴사고'(1995. 6. 29)이다. 두 번 다 전국이 난리가 났었다. 가족에게 지인들에게 전화를 하고 안부를 묻고, TV에서는 하루 종일 사건관련 뉴스가 흘러나왔다. 일상생활을 하고 있던 국민들도 충격에 휩싸여 있었겠지만, 그런 사건들을 군에서 TV로 보는 병사들에게는 더 충격일 수 있었다. 특히 나는 그랬다. 가족과 떨어져 휴전상황 국가의 전방에서 근무하는 군인으로서 그랬다. 특히 95년 GOP 철책에서 목숨을 걸고 근무할 때 더 그랬던 것 같다. 밤새 근무하고 잤다가(GOP, GP는 밤새 근무하고 아침에 잔다) 일어났는데 TV에서 삼풍 뉴스가 나왔을 때의 충격이란…!

전방이고 GOP라고 뭘 또 그렇게 비장하게 얘기하나 싶을 수도 있다. 그런데 나는 정말 그랬다. 그리고 개인적으로 연관된 사건이 일어날 때 그 충격은 배가 된다. 그곳에서는 실탄과 수류탄을 지급 받고 근무를 선다. 절대

방심도 장난도 용납되지 않는다. 그런데도 사람은 실수를 한다… 삼풍 사건 이후 얼마 되지 않아 다른 소초에서 총기오발사고 소식이 들려왔다. 근무를 마치고 들어오던 중 실수로 총알이 발사되어 병사 한 명이 죽었다는 것이다. 내 동기였다… 그날 밤 옥상 초소에 올라가 북쪽을 바라보며(북쪽의 군대, 마을, 동상이 보이는 곳이었다) 근무를 섰다. 그날따라 기분이 많이 이상했다. 바람이 부는 어두운 밤, 대북방송(우리 음향이 좋아서 훨씬 크게 들린다)이 울리는 가운데 밤새 많은 생각을 했다. 삶과 죽음에 대해서, 한 사람의 인생과 가치에 대해서, 역사, 종교, 신, 그리고 외로움에 대해서…

물론 모든 상황에 대해 사람마다 느끼고 받아들이는 게 다를 수 있다. 하지만 위의 사건들은(당시 동기와 지인 두 명이 더 하늘나라에 갔다…) 아직 세상 속 삶과 죽음에 대해 생각해보지 않았던 20대 초반의 어린 병사가 받아들이기에 쉽지 않은 것들이었다. 그래서 그 모든 상황이 나에겐 '매'였다. 사회에 나오기 전 경험한 군대라는 사회, 좀 더 딱딱하고 폐쇄적인 그 틀에 갇혀서 나는 좀 더 일찍 계급과 갑질, 힘의 논리에 의한 몸과 마음의 시련, 그리고 필멸의 존재인 인간의 삶과 죽음에 대한 불가항력적인 그 무엇(신의 섭리이든, 우주의 운행이든)을 경험한 것이다. 참 아픈 성장통을 겪은 시기였다.

'아픈 만큼 성숙해진다'는 말도 함부로 하는 게 아닌 듯하다. 아팠던 만큼 기억에 오래 남는 건 사실이다. 몸이 기억하니까. 그런데, 마음이 오래 기억한다는 건 상처가 그만큼 오래 지속됐다는 얘기이다. 삶의 상황에 의해서 몸과 마음이 조련된다는 건 슬픈 얘기이다. 그 아픔의 정도를 완전히 극복할 수 없기에, 삶의 고통에 익숙해져서 덜 아픈 것처럼 느끼고 싶은지 모른다. 죽음까지도. 그렇기에 어쩌면 우리는 외부의 자극에 대해 덜 충격 받고 덜 반응하려 노력하는 인생들인지도 모른다. 그러지 않으면 내가 너무 힘드니까… 비가 오고 난 뒤 땅이 굳어지는 경우도 있지만 요즘처럼 집중호우가 쏟아지면 감당하지 못하는 경우도 있다. 그런 갑작스런 풍파를 맞으면 너덜너덜해질 수도 있는 연약한 유리잔 같은 것이 우리 인생이니까.

딸만 둘이라서 아들이 있었으면 어땠을까 싶다. 아니 아들이 없는 게 다행이다 싶기도 하다(나 같은 아들일까봐). 요즘 회자되고 있는 모병제라는 제도를 생각해본다. 시대가 변했고, 휴대폰과 외출이 허용되는 지금의 군대는 나의 경험과는 많이 다르다. 고참의 허락 하에 줄을 서서 짧은 시간 공중전화를 사용하고, 면회나 특별포상으로 외출이나 외박이 가능하던 시절과는 사뭇 다른 요즘이다. 그래도 억울하지 않다는 게 놀랍다. 아들 같은 후배들이 건강하게 제대하기를 바랄 뿐이다. 나만큼 고생하지 않았으면 하는 마음뿐이다. 지금의 나는 지나간 순간을 감사로만 남기고 싶은가보다. 왜? 인생은 알고는 감당하고 싶지 않은 순간도 지나가는 것이기에, 그리고 아직 훈련받지 못한 과정을 연속적으로 경험하는 가운데 성숙을 이루어가는 것이기에, 여린 첫째는 혹독한 2년(+6일)을 통해 그걸 깨달았나 보다…!

3장.

"…where is the toilet…?"

제대 직전 말년휴가 때 복학신청을 하러 학교에 갔다 (96년 8월). 재수한 걸 만회하려 제대하자마자 가을학기부터(9월) 다니려는 심산이었다. 참 급하다. 좀 쉬면서 이것저것 준비해도 될 것을… 요즘 후배나 제자들에게 아직 충분히 젊다고, 1년 정도는 괜찮다고 말하는 지금의 나는 그 때 없었다. 어쨌든 아직 여름방학인 학교에 갔는데 교문이 어디론가 가고 없다. 백양로(지금도 멋지지만 나는 그 때 분위기가 더 좋다)를 걷는데 최루탄 냄새가 코를 간지럽힌다. 1996년은 대학생들에게도 다사다난한 해였던 모양이다. 한총련 사태의 흔적이 남아 있는 캠퍼스를 걸으며 말년병장이자 복학준비생은 생각한다. '에효, 한 번을 그냥 안 넘어가네…' 돌이켜보면 나나 그 시대나 아직은 질풍노도의 시기였나 보다.

여하튼 성격만큼 급하게 복학을 했다. 그리고 역시 준비 없이 하는 일은 반드시 망한다. 학기 내내 뭘 했는지 정확한 기억이 없는 걸 보면 허겁지겁 적응하다가 학기를 겨우 마무리한 듯하다. 그 때부터 대중문화와 예술에 관심이 많아서 학교교양 수업도 듣고 외부기관에서 훈련도 받고 예술과 춤에 관심도 갖고 했겠지만, 아직 모든 게 시작단계였으니 정리되어 남는 것도 미래에 대한 청사진도 있을 리가 없었다. 전공도 아니고. 그래서 다시 휴학, 그리고 방황 아닌 척, 진로고민도 아닌 척, 알찬 척 준비해야 한다고 생각하는 두 가지를 실행에 옮긴다. 운전면허 따기, 어학연수 떠나기.

아마도 유학이나 석박사는 할 형편도 안 되고 생각도 없었으니 어학연수 1년 정도는 다녀와야겠다고 생각했나보다. 미국은 비싸니 호주 정도로. 그래서 면허 빨리 따고 98년 1월에 떠나자는 당찬 계획! 뭐하나 그냥 넘어가는 게 없는 인생이라 그런지 면허도 겨우겨우 땄다. 말하자면 길어지니 초록 창에 '1997~98년 면허' 검색해보시길. 어쨌든, 거의 준비는 끝났고 이제 비행기에 오르면 된다고 생각한 그 때 대박사건이 터진다! IMF, 1997년 말 정부가 구제 금융을 신청한 기관의 이름이다. 나를 포함한 당시 국민들은 그 때의 외환위기를 그냥 IMF라고 부른다. 그리고 한 영화는 이 사태를 '국가부도의 날'이라 명명하기도 했다. 어쨌든 그 이후 우리나라 국민들은 한참동안 허리를 졸라매야 했다. 참 뭐랄까, 비행기 티켓도 미리 끊어놨고, 나는 휴학 상태고, 안 갈 수도 없는 상항이다. 그런데, '뭣 좀 하려면 왜 이럴까? 안 할 수도 없고…'라는 생각이 드는 건 어쩔 수 없다. 머피의 법칙이 나에게만 적용되는 것도 아닐 테고, 결국 일어날 일은 일어난다는 건가? 그럼 결국 나는 타이밍을 잘 못 잡는 인간인 거다.

결국 98년 1월, 운도 지지리 없는 휴학생은 역사상 호주달러가 최고였던 시대에 호주행 비행기에 몸을 싣는다 (한화 1천 원에 7~800원이었던 호주달러가 1,100원, 미국달러는 2,000원까지 치솟았다!) 혼자 떠난 첫 외국여행, 모든 것이 낯설고 설레고 기대도 되지만 한편으로는 두렵다. 친구들은 비행기 탈 때 신발 벗고 타라고, 후드티는 안 된다고 놀린다. 사실 그런 장난이 통할 수도 있는 게, 그 때의 나는 기내식도 받아먹기 황송해하는 어리숙한 여행자였다. 육중한 몸체의 강철 새가 날아오른다. 구름을 뚫고 올라갔을 때 내가 태어나 자란 땅이 개미만큼 작아지며 멀어져간다. '아, 이래서 외국 나가면 다 애국자가 된다는 거였구나…' 괜스레 또 울컥한다. (요새도 그러지만 참 자주 그런다…)

몇 시간을 날았을까? 비행기는 홍콩 영공으로 들어가는 듯했다(홍콩의 민주주의를 응원한다! 갑자기?). 그리고 잠시 후 나는 긴장한다. 비행기가 화려한 홍콩 시내의 야경 쪽으로 진입하며 고도를 낮추는 것이다! 비행기가 건물들 사이를 지나가던 그 순간의 기억은 지금도 생생하다. 팔걸이를 꽉 부여잡은 나의 두 손은 비행기가 영화 속의 한 장면처럼 부드럽고 사뿐히 활주로에 내려앉을 때 비로소 한숨을 내쉰다. 평온한 순간도 잠시, 나는 다시 긴장한다. 왜? 비행기를 갈아타야 하기 때문이다. 혼자 하는 외국여행이 대담한 도전인 이유가 여기에 있다. 낯선 모든 상황이 처음 겪는 것이고 익숙한 사람들에게는 아무 것도 아닌 것이 초보여행자에게는 커다란 숙제가 되기 때문이다. 한 치의 실수도 용납할 수 없는 나는 'Transit' 화살표를 착실하게 따라간다. 그리고 다시 두 번째 비행기에 무사히 올라타며 안도한다. '휴…'

홍콩에서 뜬 비행기는 드디어 호주 시드니에 도착한다. 그리고 다시 멜버른행 국내선을 갈아탄다. 지금도 저가항공을 자주 애용하지만, 나는 여기저기 경유하는 게 좋다. 많은 곳을 둘러볼 수 있는데 값도 싸면 금상첨화 아닌가? 젊었던 나는 더 그랬을 거 같다. 어쨌든 세 번째 비행기라서 그런가 조금 여유가 있나보다. 'Domestic'을 잘 따라간다. 주변을 둘러보기도 한다. 그러다가 느끼는 첫 번째 문화충격, '우와! 바닥에 온통 카펫이 깔려 있네?!' 나중에 알게 된 사실이지만 호주는 양모(毛)가 많은 나라라 집 바닥에도 양털 카펫을 깔아놓는다는 것. 참 재밌는 게 나라마다 다른 문화다. 그런데 언어도 문화라는 것, 결국 거기서 오래 살아야 그 문화와 언어에 익숙해지는 건데, 나는 잠깐이라도 그걸 배우고 싶어서 거길 갔나보다.

여차저차 최종목적인 멜버른에 도착, 감회가 새롭다. '혼자 이 먼 곳을 오다니!' 공항을 빠져나가 시내로 향한다. 그리고 지금은 우리나라에도 많지만 나는 그 때 처음 가 본 지하철(SUBWAY) 샌드위치 가게에서 잠시 대기, 드디어 기다리던 교회동생이 문을 열고 들어온다! 사실 호주에 가기로 용기를 낸 것도, 항공기 정비를 공부하러 미리 호주에 가 있던 동생의 권유였다. 얼마나 반가웠던지… 이제 짐을 옮겨 동생과 친구들이 함께 공부하며 살고 있는 에센든(Essendon)으로 향한다. 시내에서 조금은 떨어진 곳이지만 고즈넉하니 잘 정돈된 아기자기한 동네이다. 동생 친구들과 인사를 하고 방에 짐을 풀고 드는 생각, '진짜 왔네…'

동생으로부터 이런저런 생활규칙을 듣는다. 그리고 필수적으로 해야 할 은행 계좌도 개설한다. 집으로부터 송금도 받아야 하기에. 여기서도 문화 차이, 은행직원이 한두 명밖에 없고 줄을 서서 기다린다. 우리나라에서는 상상도 못할 일, 더 놀라운 건 은행에 돈을 맡기는데 이자를 주는 게 아니라 수수료를 떼어간다! '헐…' 이제 동생들과 장을 본다. 그리고 거기에 사는 사람들에게는 아무 것도 아닌 것들을 계속 바보같이 쳐다본다. 그냥 마트인데 뭐가 그리도 신기했는지, 온갖 채소들 과일들이 우리나라에서 보던 것과 사뭇 다르다. '아, 우리나라 사과랑 배가 진짜 상(上)품이었구나…' 소고기보다 돼지고기가 터무니없이 비싼 게 놀랍고, 캔맥주가 병맥주보다 싼 것도 신기하다! 그렇게 이런저런 일들을 하고 피곤했는지 잠시 잠이 든다.

　해가 지고 첫날 저녁, 입주기념 및 기분도 낼 겸 동생들과 집 앞 펍(pub)에서 소소한 파티를 하기로 한다. 간단한 음식에 맥주 한 잔이다. 드디어, 내가 호주에 간 이유인 '잉글리쉬'와 그에 대한 이 장의 에피소드가 나온다! 이 얘기를 하려고 여기까지 오는데 오래도 걸렸다… 여기서도 성격이 나오는 게, 본론 전에 말이 많다. 그래서 말할 때는 말도 빠르다. 설명하려고, 결국 난 설명충인가 보다. 한 김에 좀 더 뜸을 들이자면(읽다가 짜증나시겠다,

쏴리!) 한국 사람들이 외국 사람들 앞에서 '샤이(shy)'하다 즉 부끄러워한다는 걸 나는 거기까지 가서 몸소 체험했다. 그저 외국에 왔으니까 해보고 싶은 말을 웨이터에게 한 마디 건네면 되는 거였다. 그런데! 아는 영어인데도 말을 못한다. 입을 못 떼겠다! 아뉘!! 대단한 문장도 아니다. 그래서 먼저 속으로 몇 번을 외친다. '화장실이 어디인가요?!' 나는 한국인이었다…!

"um… where is the toilet…?" 오늘의 주제문장이다. 생각해보니, 지금까지 해외여행과 선교를 다니면서 생긴 화장실에 대한 웃픈 추억이 몇 개 있다. 지금처럼 중국이 많이 개방되지 않았을 때 조금 외진 내륙으로 봉사를 간 적이 있다. 한 동네를 갔는데 어릴 때의 시골 같은 풍경이었고 방문한 집은 흙으로 지은 토담집이었다. 그래도 손님이라고 토마토 수제비(죽?) 같은 걸 내어오시는데 대접받는 입장이라 다 먹었다. 그런데 또 주신다!(중국에서는 음식을 남길 때까지 주신다) 배도 부르고 화장실을 찾는데 한 쪽 구석을 가리킨다. 가보니 한 귀퉁이에 그냥 벽돌을 몇 개 쌓아놓았다. 조심스레 일을 치렀던 기억이 있다. 한번은 청년들을 인솔해서 아프리카 탄자니아로 봉사를 간 적이 있다. 잠자던 새벽에 비가 억수로 퍼 붓는데 배가 아팠다. 건물 밖에 재래식 화장실이 있어서 나갈 수밖에 없는 상황, 두 손에 우산, 손전등, 휴지를 겨우 들고 조심조심 발을 떼다가 화장실 문 앞에서 미끄러져 넘어졌다! 다행히 진흙에 손을 짚고 나뒹굴었기에 망정이지 조금만 옆으로 비껴갔더라면… 유럽에 처음 갔을 때 화장실을 이용하기 위해 동전을 냈던 기억, 군대에서 야외 훈련할 때 텐트를 치는 동시에 했던 삽으로 화장실 구멍 만들기 등(그러다 문득 드는 궁금증, 출애굽 시대 약 200만 (장정만 60만이니 여자, 노인, 아이 다 합치면 대충)의 사람들은 광야에 살 때 화장실을 몇 개나 팠을까?).

이런 걸 보면 화장실은 참 어려운 단어임에 틀림없다. 아니 솔직히 민망해서 그냥 이런저런 얘기를 주절주절 해봤다. 솔직한 심정? '참나, 화장실이 뭐라고!'였다. 사실 대소변이 급했던 것도 아니었다. '어쨌든 물어봤으니 가야지!', 그렇게 손가락을 따라간 화장실 문 앞에 졸라맨을 닮은 남자가 그려져 있다. 걔를 보면서 그냥 웃는다. '풋…!' 돌아가자면, 이건 화장실에 대한 얘기가 아니라 영어와 부끄러움에 대한 얘기이다. 그리고 그 이후 멜버른에 살면서 펍도 거의 못 가고 소심하게 대처했던 나의 모습에 대한 후회이다. 지금 와서 다시 생각해봐도 참 아깝다는 생각이 든다. 어쨌든 외국에 나갔는데 좀 어려워도 정도껏 아끼지, 뭘 그렇게 계산하며 소심하게 살았을까? 언어 공부하러 간 건데 그냥 펍에 가서 감자튀김에 맥주라도 하며 외국친구들하고 어울리지, 집에서만 공부할거면 거기 왜 갔을까?! 부모님이 보내주신 돈이 아까워 김치 대신 양배추에 고추장을 찍어먹은 건 기특하지만, 나머진 아니었다 싶다. 위축되지 말았어야 했다. 그냥 조금 더 쓸걸 그랬다(사실 지금도 잘 못 쓴다). 다시 돌아가면 조금은 더 막 쓰고 막 만나고 막 얘기할 수 있을까? 그러고 싶다!(그럴 수 있을까…?).

4장.
멜버른, 제2의 정신적 고향

비록 반년밖에 머물지 못한 곳이었지만 멜버른은 20대 초중반의 청년이었던 나에게 커다란 전환점을 선물한 도시였다. 무엇보다 첫 번째, 새로운 문화와 사람들은 내 사고의 지평을 넓혀주는데 지대한 영향을 끼쳤다. 물론 꼭 외국이어야 한다는 건 아니지만, 완전히 다른 나라와 문화 그리고 그 속에서 성장한 다양한 인종의 사람들과 생활하며 느끼고 사고하는 것은 개인적으로 굉장한 경험이었다. 첫 경험이라 더 그렇게 느낄지도 모르겠지만. 어쨌든 처음은 중요하다. 두 번째는 그 아름다운 도시가 내게 선물한 평생의 멘토와 친구들 그리고 다시 경험하지 못할 공동체생활이다. 함께 살며 넘치도록 받은 배려와 섬김은 잊을 수 없는 감사이다. 멜버른이 정신적 고향이 된 이유도 그들의 삶의 모습들을 통해 배운 깨달음 때문이니 말 다 한 거 아닐까? 언제든 보고 싶은 내 소중한 추억 속의 사람들이다. 그리고 마지막으로 그 고즈넉한 도시는 내가 어떤 존재인지 몰랐던 부분을 스스로 깨닫게 해 주었다. 그리고 그건 나 자신에게 커다란 수확이었다. 가족과 집에만 있었으면 여전히 모르고 있을지도 모른다. 역시 인생(또는 나라는 존재)에 대해서는 때론 떨어져봐야 깨닫는 것들이 있다.

먼저 새로운 문화와 사람들, 20대 초반의 서울촌놈이었으니 모든 게 새롭고 신기하다. 여기서 다 얘기할 수 없을 정도로 수많은 문화충격을 받으며 배웠다. 그래도 사람은 금방 적응하는 동물이라 그런지 곧 익숙해졌다. 2지역(zone 2) 집에서 반대편 2지역(zone 2)으로 학교를 다니느라 트램 Tram - 트레인-트램을 갈아타며 먼 거리를 다녀도 그저 좋았다. 다양한 국적의 친구들과 공부하는 것도 좋았고 가끔 바비큐 파티를 하며 어울리는 것도 즐거웠다. 주말이면 시내에 나가 야라 Yarra 강을 따라 걷는 것도 좋았다. 조용한 도시라 주말이면 가끔 시내에서 축제가 열렸고 그러면 가족단위로 또는 친구들과 나온 젊은이들로 북적였다. 크라운 카지노까지 이어지는 강변에 늘어선 카페들 그 앞에서 음악, 마임, 서커스 공연을 하는 예술가들의 모습은 지금도 눈에 선한데, 당시 그런 모습은 내게는 영화 속의 장면들이었다. 물론 완전히 다른 문화

인만큼 불편하고 조심해야 하는 것들도 당연히 있다. 횡단보도를 건널 때는 반드시 오른쪽을 보고 건너야했고 (운전석이 오른쪽, 차들은 왼쪽으로 다녀서 우리나라처럼 교통체계가 반대인 나라에서 온 유학생들 사고가 잦았다), 양털이 많은 만큼 개미들이 참 많았던 기억이 있다(특히 집 거실에!). 온돌문화가 아니어서 방마다 라디에이터가 있었지만, 봄가을에도 아침저녁으로는 굉장히 춥고 건조했다. 군대에서처럼 뼈가 시린 느낌? 외로워서 더 그랬나 싶고…?

그리고 위에도 언급했지만 언어도 사람도 문화다. 공부하러 간 거니 영어얘기를 살짝 해보면 이렇다. 멜버른은 멜버른이 아니다! 멜버른은 멜번Melbourne, 시드니는 씻니Sidney 그리고 밀크는 미역Milk 이다…! 그렇다고 미국식으로 어설프게 굴려도 안 된다. 한 번은 시내에서 호주 할아버지께서 내 발음을 못 알아들으셨다. 몇 번을 얘기해도 똑같았다. 인종차별까지는 아니라고 생각하지만 못 알아들은 척하신거다. 그래도 인정할 수밖에 없는 것이 그건 그들의 언어이고 문화이기 때문이다. 일반인들도 잘못 굴린 발음은 못 알아듣는 게 부지기수다. 딱딱

하더라도 그냥 스펠링 그대로 발음하는 게 낫다. 호주영어(Aussie English)식으로 따라서 그냥 캔(can)말고 칸(can)으로 하면 된다. 말은 이렇게 하는데 솔직히 영국식도 미국식도 다 아닌 것이 뭔지 잘 모르겠다! 아이 칸(트) 두 잇!(I can't do it!)

짧은 호주생활에도 나름의 위기가 있었다. 다니던 랭귀지 스쿨 코스를 마치고 다른 기관으로 옮기는 과정에서 예상치 못했던 거절을 당하고 소위 붕 뜬 것이다. 역시 삶의 위기는 기회가 되는 것인가, 생각해보면 그때 내 자리를 옮겨 당시 한인교회 전도사님(현재 담임목사님)과 친구들이 모여 사는 집으로 들어간 것이 신의 한 수였다. 야심차게 계획한 기관에서의 공부가 실패로 돌아갔지만 그게 전화위복이 될 줄은 몰랐다. 오히려 받아주신 공동체에서의 삶이 신선하고도 새로운 도전이었다. 함께 모여 살면서 이해하고 도우며 서로 부족한 부분을 어떻게 채워가는지를 배웠다. 이후 영어나 다른 공부들도 이어갔지만, 함께하는 삶 속에서 배운 배려와 섬김 그리고 그 속에서 이룬 성장과 성숙을 통한 깨달음은 학문적 성취보다 훨씬 컸다. 부작용이 하나 있었다면, 멘토와 친구들로부터 받은 정신적인 공급 외 과도한 물질적 섬김이었다. 건강을 챙겨야 한다며 아침마다 시리얼에 넣어먹던 바나나와 꿀, 저녁마다 야식(파티?)으로 먹던 귀한 짜장라면(또는 치즈라면)과 김치… 그때 얼마나 많이 먹었는지 귀국하는 날 공항에서 친구들과 지금의 아내는 살찐 나(돈 아까워 이발을 안 해서 장발인)를 못 알아봤다! 그래도 핏줄이라고 동생만 알아봤다는 슬픈 전설이 있다…

아름답고 고즈넉한 도시가 내게 준 커다란 깨달음은 '외로움'에 관한 것이었다. 나는 내가 그렇게 외로움을 많이 타는 인간인지 몰랐다…! 내가 살던 에센든의 집은 단독주택을 빌려서 친구들과 함께 살던 쉐어 share 하우스였다(요새 대학가에 많이 있는). 시내에서 조금은 떨어져 있지만 내 기억에 아기자기하고 예쁜 동네였다. 인적은 드물지만 가끔 마주치는 주민들은 항상 반갑게 인사해주셨다. 우리 집 맞은편 비싸 보이는 집 할아버지는 항상 정원에 물을 주고 계셨는데, 소문에 의하면 마피아 출신이시라고… 기든 아니든 아우라가… 우리는 항상 90도로 깍듯이 인사했고 할아버지는 웃는 얼굴로 인사해주셨다! (그래도 무서워…!) 어찌되었든 난 그런 우리 동네가 좋

았고 우리 집이 좋았다. 항상 아침저녁으로 북적이던 서
울과는 달리 초저녁이 되면 커튼을 치고 이웃을 배려해
서 소리를 낮춰야 했지만 그런 조용함에 익숙해지는 것
도 좋은 경험이었다.

하루는 일과를 마치고 대문 앞 정원 계단에 혼자 앉아 있었다. 노을이 지고 있었고 동네만의 조용한 따뜻함을 즐기고 있었던 듯하다. 그런데, 문득 한 순간 이상한 기분이 든다! 뭉크가 다리를 건너면서 불현듯 느꼈던 대자연 앞에서의 숭고 또는 실존철학적인 그 어떤 처절한 〈절규〉 정도의 느낌은 아니었을지 몰라도, 갑자기 마음이 움츠러들고 혼자라는 생각이 너무 강하게 든다!! '외로움'이었다. 한국친구들과 같이 살고 있었고 나름 부족함 없이 공부하며 지내고 있었다. 그런데 외로웠다. 처음으로 집을 떠나서 외국에 살았던 나는 군대에서와는 또 다른 존재적 외로움을 느낀 거다. 감사하게 생각한다. 좀 더 젊었을 때 나의 또 다른 부족한 면을 발견했다는 것에 대해서. 모든 인간이 외로운 존재이지만 나는 좀 더 그렇다는 것에 대해서. 그리고 더 많이 느낄 수 있는 사람이 더 많이 공감하고 할 수 있다는 것에 대해서…

결혼 전이니 20년도 더 지난 얘기를 하고 있는데도 미소가 지어지는 건 그만큼 행복했던 추억이라는 증거가 아닐까? 지금 한국이 겨울이라면 '거기는 여름이겠구나…'라고 생각하면서도 '아, 거기는 하루에 사계절이 다 있었지… 뜨거운 여름에도 그늘은 시원했어!'라며 웃음 짓는다. 〈해리포터〉에 자주 등장하는 킹스 크로스 역을 보면서 멜버른 시티의 상징인 플린더스 스트리트 역 Flinders Street Station 을 떠올리고, 역 사거리 맥도날드에서 즐기던 50센트짜리 아이스크림을 상상한다. 버거킹을 볼 때마다 '거기는 헝그리 잭 HUNGRY JACK'S 인데' 라며 입맛을 다시고, 친구들과 가끔 즐기던 베트남 쌀국수나 비스트로 Bistro 의 음식을 떠올리며, 풍족하지는 않았지만 그런 소확행들에 감사했던 나와 우리들을 추억한다. 맘 맞는 친구들과 차를 렌트해서 그렇게도 가고 싶었던 그레이트 오션 로드 Great Ocean Road 에 갔던 추억, 겁도 없이 밤길을 달리며 어딘지도 모르는 길을 갔더랬다. 다행히 12사도 apostles 표지판을 발견하고 멈추었고 비오는 날 새벽 겨우 찾은 펍에 들어가 몸을 녹였더랬다.

많은 추억들이 남아있어서이기도 하지만 멜버른이 정신적 고향인 이유는, 내 삶의 중요한 시기에 옆에 함께 계셨던 멘토 목사님이 지금도 거기에 계시기 때문이다. 이후 20년을 살아오면서도 안부 차 또는 중요한 일이 있을 때 가끔 연락을 드렸었다. 그리고 어학연수 후 10년만인 2008년, 아내와 어린 두 딸과 함께 그 도시를 방문했었다. 개인적으로 힘든 시기였지만, 가족들과 함께 재충전할 수 있는 시간이었고, 무엇보다 목사님을 만날 수 있어서 감사했다(오랜만이라 운전대를 잡자마자 차와 부딪힐 뻔했다!). 이제 10년이 또 지났다(세월이 참…). '이제 다시 한 번 갈 때가 된 건가…?' 만약에 가게 되면 이번에는 남반구에 가는 김에 〈반지의 제왕〉 촬영지인 뉴질랜드까지 꼭 가보고 싶다! 다시 가고 싶은 곳, 그리고 그 곳에 다시 보고 싶은 사람이 있다는 건 감사하고 행복한 일인 것 같다. 비록 아직도 영어실력은 거기서 거기이고 외로움은 많이 극복하지 못한 채 살아가지만, 그래도 살아있다는 게 어디인가?!

누구에게나 처음은 신성하다.
첫사랑, 첫 직장, 첫 퇴사(?), 그리고 여러 처음들…
성인이 되어 어떤 이유로든 사회에 첫발을 내딛고
내가 사회의 일원으로서
무언가를 할 수 있다고 느낄 때
그 자부심은 말로 다 표현할 수 없다.
조금 슬픈 건, 세상은 이상적이지 않다는 것이다.

S전자, 연구원이 되다

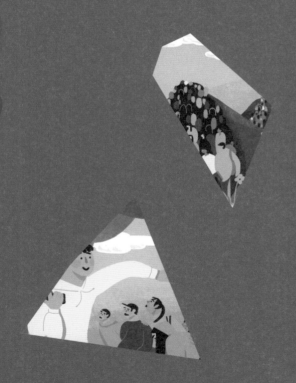

1장.

41기 32차 S맨

이상은 이상이고, 현실은 현실이다. 꿈은 이루어진다고 믿지만, 꿈이기에 언제 이루어질지 알 수 없다. 그리고 나는 장남이기에 현실을 무시할 수는 없었다. 의대병을 극복(?)하고 공대 그것도 나름 유망한 전자전기공학과(컴퓨터 관련)에서 기술을 배우고 졸업을 앞두었다. 근데 아무 생각이 없다. 친구는 변리사 자격증을 따자고 하는데, 그게 뭔지 모르겠고 관심도 없다(지금 변리사는 고연봉 직군에 들어간다. 그리고 그 친구는 지금 그걸 하고 있다. 할 걸!). 그래도 일단 취직은 해야겠기에 꼴에 대기업들을 알아본다. 아무리 괜찮은 대학출신이라 해도 학점은 학점, 서류는 서류, 입사시험과 면접점수는 숫자로 계산되는 시대였다. 약간 쫄리지만 호기를 부린다. 그리고 잘 알지도 못하면서 S전자 반도체 총괄에 입사원서를 낸다.

이유는 모르겠지만 일단 서류심사는 통과, 이유를 모르겠다는 건 밝히기도 민망한 내 졸업평점 때문이다. 그것도 내 운이라면 운(거의 처음이다), 이제 2차 시험을 준비한다. 말이 준비지 뭘 준비해야 하는지도 몰랐다. 내 기억에 그 때 S기업에서 시행한지 얼마 안 되는 시험을 봤다. SSAT(지금은 예상문제집도 많고 학원에서도 가르친단다. 우리나라는 참 모든 분야에서 대단한 종족이다), 추운 초겨울 준비도 없이 어느 고등학교로 털레털레 걸어갔다. 컴싸(요새 학생들은 컴퓨터 싸인펜을 부르는 말)는 준비완료, 시험지를 받아든다. 거의 20년 전 일인데 아직도 기억이 생생하다. 왜? 이런 시험문제를 본 적이 없으니까. 일단 한 시간은 거의 IQ 테스트였다(그때나 그렇지 사실 요새는 IQ보다 EQ(감성지수) 또는 JQ(잔머리지수, 다른 말로 하면 센스나 순발력)가 더 중요하게 평가받는다). 그렇다 치고 한 시간은 거의 상식, 근데 상식이 상식이 아니다. 지금도 기억나는 문제는 이랬다. '프랑스요리의 순서가 맞는 것은?' 전채요리부터 마지막 요리까지 한 5개 요리순서를 맞추는 문제였다(초록 창에 검색해보니 그 정도 이상이었다!). 반이 떨어졌다는 그 시험에 나는 합격했다(이것도 운인가?).

그리고 3, 4, 5차 기술면접, 인성면접(아마 관상포함), 신체검사까지 통과 후 최종합격! 나는 S전자 반도체총괄에 입사했다! 아마 기뻤으리라, 부모님도 친척들과 지인들도 축하해준 합격이었으니까. 긴 겨울이 지나고, 새해 2,3월 집합교육을 들어간다. 나는 공채 41기였고(그 당시 그룹차원 내 동기들은 모든 계열사 포함 7,200명이었다), 내 기억에 200명씩 36차로 나뉘어 전국 각 지역 연수원으로 흩어져서 교육을 받았다. 한 달 동안 S맨이 되기 위한 훈련을 받은 것이다. 그 때 우리 동기들은 삼삼오오 모여 다 안다는 듯 얘기했다. "야, 다 알지? 다 기획이고 콘셉트야, 우리를 S맨으로 만들려는!" 참 웃기고 놀라운 건, 한 달이 지난 뒤 감동으로 가득 찬 우리가 S맨이 되어 하는 말이다. "야, 이래서 S맨이 되는 거구나!!" 한 달이라는 시간은 사람을 바꾸어 놓기에 충분한 시간이었다.

나는 41기 32차 신입사원이었다. 한 연수원에 들어가 아침 6시부터 운동장에 모여 체조를 하는 것으로 일과를 시작했다. 그리고 하루 종일 이런 것까지 교육받나 싶은 여러 가지 훈련들을 받는다. 일과 후 10~11시 취침(및 자유 시간?), 다시 입대한 것도 아니고 참나… 그 와중 행복했던 기억은 연수원 밥이 진짜 맛있었다는 것이다. 그건 그렇고 일과 중 생각나는 것들만 예를 들자면, 양복 입는 방법을 비롯한 에티켓, 모의 경영게임(파산했다), 2인 1조 라마드(물건 팔기), 그리고 마지막 조별 산악훈련(거의 군대훈련), 그 외에도 개인 및 조별 과제와 훈련들은 많았다. 그래도, S맨 출신으로서 내가 기억하고 인정하는 최고의 훈련은 역시 라마드와 산악훈련이었다!

라마드, 간단하게 말하면 상품을 파는 생짜들 영업훈련이다. 마치 옛날에 네모난 가방에 아이스케키나 '찹쌀~떡!'을 넣어 팔던 것처럼, 지급받은 가방에 물건들(카메라, 전화기, 쌍안경 등)을 넣고 돌아다니며 파는 것이다. 물론 제한된 조건이 있다. 2인 1조, 지정된 시간, 지인들에게 전화해도 팔아도 No, No! 더 대박은 현금만 가능하다는 것(카드불가) 등이다. 어느 날 새벽, 200명의 동기들은 버스에 몸을 싣는다. 어디로 가는지 알지 못한 채 가다가 비몽사몽의 2인 1조 100팀은 가방과 함께 어딘지 모르는 곳에 던져진다. 우리 기수는 인천이었다. 이제 요이~땅! 최대한 많이 팔고 오후 정해진 시간 안에 돌아와야 한다!

친한 형과 한 조가 된 나는 열의에 불탄다. 이 사람 저 사람에게 말도 걸고 가게든 학원이든 닥치는 대로 들어간다. 그 때 처음 알았다. 사람들의 지갑을 여는 것이 쉬운 일이 아니라는 것을… 그러다가 들어간 한 건물, 한 층에 멈췄는데 시끄럽다. 활기찬 여성들의 목소리, 나중에 알고 보니 유명한 방문판매 화장품 사원들이었다. 모르니까 더 용감했겠지, 친한 척 다가가서 소개를 하고 기업의 상품이 어쩌니 저쩌니 의욕적으로 설명을 한다. 지금 생각해도 감사한 게, 같은 영업사원처럼 보여 짠하셨는지, 젊은 열정을 격려하고 싶으셨는지, 그 자리에서 몇십만 원씩 결재하신다! 현금으로!! 돌아오는 엘리베이터 안, 포스가 있어 보이시는 여성분이 말씀하신다(임원이셨다). "우리 회사로 올 생각 없어요?", '하.하.핫!!' 그 와중에 인정받은 것이 기분이 매우 좋았나보다. 지금까지 디테일한 기억이 살아있는 걸 보면…! 연수원으로 돌아와 저녁에 하는 훈련 결산, 항상 1, 2, 3등 조와 팀을 발표하고 승점이나 부상을 수여한다. 그리고 1등을 발표할 때면 웅장한 배경음악이 깔린다. 〈보헤미안 랩소디〉의 퀸이 부르는 '위 아 더 챔피언' We are the Champion. 사람 마음이 참 신기한 게 그게 뭐라고 그 음악만 들으면 어떤 감정인지 모르게 울컥한다. 어쨌든, 라마드는 팀별 대항인 만큼 기대가 크다! 결과는? 2등! 너무 아쉽다. 그래도 뿌듯하고 자랑스럽다. 부끄럽고 여리고 서툰 존재들이었지만, 그래도 도전한 시간들이었다. 인생 첫 영업을 경험한 하루가 그렇게 지나간다. 그 날, 우리 모두는 인생의 챔피언이었다!

연수원 한 달의 대미를 장식하는 프로그램은 산악훈련이었다. 군대 유격훈련처럼 몇 개의 코스가 있고 조별로 지도를 보고 각 코스를 찾아가며 미션을 수행하는 훈련이었다. 이게 종합훈련인 게, 조원들 모두의 체력, 정신력, 임무들을 단합해야 완주할 수 있는 훈련이었다. 나는 지도를 보고 미리 길을 찾는 정찰병(?) 임무를 맡았다. 시간 내에 주파해야 하고 모든 것이 점수로 환산되는 터, 중요한 역할이었다. 나름 산도 잘 타고(다리가 짧으면 그렇다) 성격만큼 센스도 빠른 편이라 다른 조에 비해 우리 조가 앞서갔다(근데 요새는 네비게이션 없으면 왜 길을 못 찾지?). 그런데 너무 급했을까? 한 번은 길을 잘못 인도했다. 나중에 다시 수정하고 어느 정도 시간을 단축하긴 했지만, 안 그래도 체력적으로 힘든 동기들에게 그 미안함이란 이루 말할 수도 표현할 수도 없었다. 그래서 나 같은 사람이 큰 책임을 떠맡으면 안 된다고 생각하는 것이다. 나도 힘들고 다른 사람들도 힘드니까, 아니 그 생각도 내가 오버해서 생각하는 것일 수 있으니 나는 두 배로 힘든 사람이 되는 건가…? 모든 코스의 미션과 단체 극기 훈련을 다 통과한 뒤 연수원으로 돌아가는 길, 진짜 지옥이 남아 있었다. 일명 죽음의 고개, 모두들 자신의 몸을 겨우 지탱할 정도로 힘의 거의 없는 상태에서 고개를 오르자니 숨은 턱에 차고 근육은 터질 것 같다. 쓰러지려 하는 여자 동료들을 양쪽에서 부축하며 한 발 한 발을 간신히 뗀다. 그렇게 통과한 결승선! 그리고 우리 조가 1등이란 걸 알았을 때의 희열이란!! 그런데, 말할 수 없는 기쁨을 함께 나누던 중 갑자기 동기들이 나를 둘러싸더니 들쳐 업고 헹가래를 친다. 의외의 이벤트에 몸도 마음도 하늘을 날아간다. 그리고 그 때 나는 웃으며 울고 있었다. 훈련 내내 땀을 뻘뻘 흘리며 달렸던 나, 정찰에 실패했던 나, 그리고 여려서 미안해하며 마음 고생했던 나를 동기들은 위로해주고 싶었나보다… 역시 동기사랑은 나라사랑이다. 그날 저녁, 연수의 마지막 훈련을 마친 우리는 우리 자신과의 싸움에서 승리했음을 자축했다. '위 아 더 챔피언'과 함께! 역시 주인공은 마지막에 나타나는 것이다!!

2장.
그룹 TF, 따시락의 반전

19년째 만나는 동기들이 있다. 같은 차수 동기들도 아니고 현업배치를 받아 부서에서 만난 동기들도 아니다. 계열사뿐만 아니라 참 많은 것이 달랐던 동기들, 이제는 하는 일 자체가 너무 다양한 이 시대의 역군들, 나는 그들이 자랑스럽고 지금도 보고 싶다. 7,200명 중 엄선된(?) 17명의 어벤져스, 우리 공동체의 이름은 '41기 그룹 TF'이다.

연수원 수료직전으로 잠시 돌아가겠다. 차수 훈련은 마쳤고 수료 전 마지막으로 조별이 아닌 차수별 대항 행사(31, 32, 33차)가 남아있었다. 물론 행사를 위해 연수원 훈련 중간 중간 틈틈이 준비를 했다. 거기에서 내 역할은

매스게임(?) 응원기획과 댄스를 지도하는 전체 단장, 지나놓고 보니 참 대단한 일이었다. 매일 저녁 200명을 움직이기 위한 동선을 짜고 응원을 기획하고 춤 안무를 창조해야 하는 일이었다. 사실 이게 가능했던 건, 순진무구한 꼬마 S맨(감성이 풍부한 나는 동기들보다 빠르게 S맨이 되어있었다)은 연수원 시절 내내 동기들이 10시에 취침해도 새벽 2시까지 잠든 적이 없었기 때문이다. 배운 공부에 뒤지지 않으려고 노력했던 똘똘이는 이제 차수의 명예를 걸고 기획을 하고 있는 것이다. 더 대박인 것은, 그때 내가 아팠다는 것. 고등학생 때부터 있던 만성중이염이 그 때 도졌고 연수원에서 근처 병원으로 나갔다 와야할 만큼 심한 상태였다. 하지만 포기할 수 없었고 나는 최선을 다했다. 그리고 마지막 행사결과, 우리 차수는 임원들 앞에서 가장 좋은 평가를 받았다. 그 뿌듯함이란! 열정은 항상 어떻게든 보상을 받는다. 이제 정말 수료식, 한 달이라는 길고 짧았던 인생의 드라마를 마무리하며 우리는 감격했다. 물론 입사하는 날부터 한 달 동안, 회사생활이라고는 하지만 인생의 일거수일투족을 감시받듯이 점수로 카운팅 당하는 기간을 보내며 씁쓸하기도 했다. 그래도 우리는 해냈고, 서로의 얼굴을 바라보며 대견하다는 듯 격려와 응원을 보냈다. 그리고 마지막 하이라이트, 32 차 200명 동기 중 1등에게 주는 인력개발원 우수상, 놀라운 건 상하반기 두 명의 차수회장과 많은 조장들 그리고 유력한 후보들이 아닌 바로 내가 받았다는 것이다! 그리고 나는 41기 그룹 TF Task Force 의 일원이 되었다.

그룹 TF는 각 차수의 주 진행 선배(과장급)가 추천한다. 각 차수에서 회장이나 조장으로서 탁월한 리더십을 발휘했다거나 특별한 기질과 능력이 있는 친구들이 발탁된다. 그도 그럴 것이 7,200명 36차 동기들 중 17명이니… 그럼 이 모임은 무엇을 하는 모임일까? S그룹은 각 사업장으로 배치 받아(자대배치) 일하고 있던 신입동기들을 여름휴가 시즌쯤 한 곳에 다시 모아 행사를 열었다. 동기들의 추억과 우애를 다지는 수련회 같은 행사, 우리는 그걸 기획하는 모임이었다. 그래서 우리는 입사 후 기본교육만 마친 뒤 부서로 가지 않고 본사소속 한 공간에 모여서 여름행사까지 같이 지냈다. 물론 여러 가지 잡스러운 일들을 많이 해야 하는 모임이지만 나름의 큰 자부심도 있었고 배우는 것도 많았다. 현실적으로는, 그룹 내에서 스펙도 하나 더 쌓고 인맥도 넓히고 사실 동기들에게는 선망의 대상이었다. 어쨌든 영문을 모른 채 나는 그 영광스러운 모임에 합류했다. 첫 모임, 진짜 대단한 친구들이 모였다. 뛰어났던 차수의 회장들, 기획에 능한 사람들, 컴퓨터와 디자인 전문가들. 그럼 나는 뭐지? 보아하니 전체 응원 같은 게 있나본데 나는 춤 쪽인가? 김칫국을 자주 마시다보면 속이 쓰린가, 내가 아닌 대학교 응원단 출신 두 명이 응원을 담당한다는 얘길 듣고 당황한다. '그럼 나는 뭐지?' 응원도 기획도 아닌 등반 팀이란다, '마운틴(山)?!' 다시 한 번 어이가 털린다. 17명 중 6명이 등반 팀, 뭐가 그렇게 중요한 일이기에 사람도 많고 그 중에 나는 왜 필요한 거지? 참 인생은 알다가도 모를 일이다!

스머프 중에 투덜이 스머프라는 애가 있다. 어릴 때부터 생긴 게 또는 하는 말이나 행동이 비슷해서 별명이 똘똘이나 투덜이 스머프였다. 이 모임에서 나는 투덜이였다. 친한 형에게 항상 투덜거렸으니까, "내가 왜 또 산을 타야 돼?" 나도 모르지만 그 형도 몰랐다. 그래도 해야 하는 일이니 한다. 무슨 일? 수련회 중 7,200명이 산에 오르는 프로그램이 있다. 반은 치악산, 반은 오대산을 오른다.

말로 하니 쉬워 보이지 사실 1,200명씩 6조가 2개의 산에 오르는 걸 기획하는 게 대단한 일이라는 걸 그 때 깨달았다. 등반 팀이 일이 많았던 게, 어떤 이는 7,200명의 숙소를 배치한다. 어떤 이는 산까지 가는 대형버스 거의 200대를 섭외한다. 그리고 어떤 이는 그들이 산행 중 먹을 음식을 준비한다. 일명 '따시락', 21세기의 시작 첫 자락에 나는 그 마술 같은 도시락(먹는 내내 따뜻해서? 초록 창 검색하시길…)을 수천의 동기들을 위해 준비하며 투덜거린다, "아니 형! 내가 왜 이걸 배달해야 돼!?"

스케일이 크다보니 산행관련 레저업체에서 우리 등반 팀을 돕는다. 6명이 두 개의 산 여섯 코스를 각각 기획하고 업체전문가들과 답사를 가고 여러 가지 준비를 철저하게 한다. 사실 그도 그럴 것이 각자 1,200명 동기들 안전을 포함한 반나절을 책임져야 하는 입장이기에 소홀할 수가 없다. 출전 당일 새벽, 수백 대의 버스가 대기하고 따시락을 나눠 싣고 여러 가지 체크리스트를 확인한 후 산으로 출발한다. 그리고 우리 등반 팀 여섯 명은 모두 무전기를 손에 쥐고 각자 1,200명의 리더가 되어 등반을 시작한다. 얼마를 올랐을까, 이마와 등에서 땀이 흐르고 심장

은 요동을 친다. 밑으로 굽이굽이 헝클어진 실처럼 동기들의 행렬이 보이지만 끝은 알 수 없다. 무전으로 코스출발점의 상황을 확인한다. 벌써 몇 시간 지난 거 같은데 아직 남은 사람들이 있단다. 군대에서 유격이든 혹한기든 행군훈련을 하다보면 깨닫는 게 있다. 맨 앞과 맨 뒤의 거리와 시간 차이가 엄청나다는 것, 앞에서 조금 빨리 걸으면 뒤에서는 뛰어야한다는 것. 물리적으로 잘 이해되지 않는 현상은 명절 때 고속도로에서도 일어난다. 가다가 서다가, 밀리다가 갑자기 뻥 뚫리다가… 군대와 명절 고속도로의 기억을 새삼 떠올리며 신기해한다.

소제목에도 적었지만 따시락은 내 인생의 반전이었다. 사실 그룹 TF가 되어 춤 관련 응원이나 공연기획을 할 줄 알았던 나였다(그 때 이미 뮤지컬 팀에서 열심히 활동하고 있을 때였다. 6막 참고). 근데 웬 치악산(내 담당 코스)과 마술 도시락? 소심해서 크게 투덜거리지도 못했던 나였다. 지금 돌이켜보면, 등반 팀의 일원이었다는 의미는 한 끼 도시락에 대한 투덜거림을 넘어선 그 무엇이었다. 평생 해보기 힘든 규모의 행사를 기획하고 대규모의 인원을 책임지고 인솔해보는 귀중한 경험을 했다는데 있었다. 말이 버스 200대에 도시락 7,200개지, 잠이 덜 깨서 눈을 비비고 있는 수천의 동기들을 나눠서 태우고 배치하고 정신없이 소리 지르며 확인하는 데만 새벽시간이 다 간다! 그리고 해 뜰 무렵 산 입구에서 긴장한 채 1,200명의 친구들 앞에 서서 출발을 준비하고 있는 꼬꼬마를 발견한다. 커다란 스케일을 경험하면 그만큼 성장하는 것 같다. 그래서 아직도 만나는 19년 지기들을 보면 자신의 삶을 개척하며 인생을 살아가는 스케일이 다른 것 같다. 감사하다. 그나마 할 줄 알았던 춤만 췄다면 깜냥만큼 잘난 척하며 거기에 머물렀을 것이다. 하지만 전혀 아니라고 생각했던 일에 맞닥뜨리면서 당황과 혼란 속에 새로운 걸 깨달았을 때 조금 자라는 걸 느꼈던 것 같다. 그리고 지나고 나면 그게 나한테 맞는 일이었고 배울만한 가치가 있는 일이었다는 걸 인정할 때가 있다. 내가 그랬다. 지금도 사무실에 앉아서 컴퓨터를 두들기기보다는 밖으로 나가서 돌아다니며 일을 하는 것을 좋아한다. 역시 나는 책상 앞보다는 땀 흘리며 가슴 뛰는 일을 하는 게 천성인 듯하다!

3장.

참 별로인 연구소 동료

　뜨거웠던 여름이 지나가고 TF의 임무는 끝이 났다. 정이 든다는 건 무서운 일이다. 너무나 다른 사람들이 모여 매일 수없이 '탐색-자기주장-조율-합의'를 하던 처음의 시간이 지나고 봄, 여름 두 계절이 지난 뒤, 우리는 하나의 팀을 넘어 평생의 친구가 되었다. 물리적 시간의 양이 항상 중요한 게 아닐 수도 있는 것이, 몇 달 동안 아침부터 저녁까지 하나의 목표를 위해 붙어있다 보면 가족만큼 친밀해지기도 하는 듯하다. 무사히 임무를 완수한 우리는 속초 바다로 마지막 1박2일 추억여행을 다녀왔다. 지금도 그때의 사진을 보면 참 자유롭고 행복해 보인다. 이후 우리는 아쉬움을 뒤로한 채 각자의 사업장으로 돌아갔다. 나만 빼고.

　기초교육(S그룹) 차수가 늦었던 나는 수료 후 바로 그룹 TF에 합류했었기에 연구소 배치 전 실무교육(S전자)을 받으러 다시 연수원에 들어가야 했다. 그렇게 다시 몇 주 책상 앞에서 시간이 흐른다. 역시 나는 책상 앞 체질은 아니다. 그런데, 교육이 끝나갈 즈음 본사 인사팀 과장님이 방문, 나를 포함한 몇 명을 불러내 긴급면담을 한다. 내용을 간단하게 정리하면 이렇다. 반도체총괄로 입사했는데 정보통신총괄로 옮겨줄 수 있겠냐는 거다(그 때 그룹차원에서 핸드폰사업을 키우고 있었다). '진짜, 한 번을 그냥 안 넘어가네…' 웃기는 건, 그 와중에 당돌한 신입이 받아친 말이다. "저는 서울에 있는 D나 K연구소로 가고 싶습니다!" 그 당시 내 우선순위는 연구소가 아니라 뮤지컬 팀(6막)이었고, 기흥이나 구미가 아닌 서울에서 근무할 수 있다는 건 큰 행운이었다. '얘가 제정신인가?' 어이없는 미소와 함께 과장님은 돌아가셨고 이유는 모르겠지만 나는 진짜로 테헤란로에 있는 K연구소에 배치되었다.

사실 퇴사 전 연구소에서 몇 달의 기억은 많지 않다. 그 때의 나에게 하루하루는 지지부진한 회사원의 일상 그 이상도 그 이하도 아니었다. 새벽에 힘겹게 일어나(저혈압이라…) 구리경찰서 앞에서 출근버스를 탄다. 졸다가 선릉역에 내린다. 역 앞에서 선택의 기로, 아이스박스의 김밥 한 줄이냐 트럭의 토스트냐, 달걀토스트를 짚어든다. 사무실 컴퓨터를 켜는 동시에 메신저와 주식프로그램을 켜서 화면 밑으로 내린다. 마음에 딴 데 가 있으니 연구소 일에 관심이든 열심이든 그 무엇이 있을 리가 없다. 그리고 업무, 신입 중 쌩 신입이라 단순한 일 말고는 시킬 일도 할 일도 많지 않다. 그렇게 하루 또 하루가 지나간다.

그 때는 몰랐지만 생각해보면 내가 생각해도 나는 참 별로인 동료였다. 그들 입장에서 보면, 이유가 어찌되었건 동기들보다 한참 늦게 들어온 신입, 반도체 쪽 입사라는데 컴퓨터 서버연구소로 배치, 인사기록은 좋은데 얘는 무슨 낙하산이지 싶었을 것 같다. 게다가 머리는 단발 정도로 길고 면 티 쪼가리에 힙합바지를 끌고 출근한다. 그렇게 돌아다니다 5시에 칼퇴. 왜? 춤 연습하러 가야하니까. 업무시간에 할 일 다 했다고 스스로 여기니 그렇게 행동하는 거다. 사실 일이고 공부고 끝이 어디 있나? 항상 어떤 조직에든 폭탄 같은 이상한 존재 하나쯤은 있다는 사실, 그리고 주변을 돌아봤을 때 없는 것 같으면 나 스스로를 의심하라는 말. 내가 그랬다. 그런데 그 때는 몰랐다. 아니 알았다고 해도 나만의 기준으로 당당했다. 그러니 얼마나 비기 싫었을까?!

게다가 들어간 지 얼마 안 되어 부장님 면담 후 연구

에서 기획으로 부서를 변경했다. 변명하자면, 솔직히 연구는 나와 너무 안 맞았고 아는 것도 별로 없었다. 그런데 사회생활이라는 게 어디서 무얼 하든 시작은 다 똑같다는 게 함정이랄까? 기획으로 갔다고 해서 내가 아는 것도 할 수 있는 일도 거의 없었다. 그래서 하루 종일 한다는 일이 부품조사, 프로세서가 어떻고 메모리가 어떻고 이 회사 저 회사 찾아보고. 안 그래도 동기부여가 안 되는 중인데 허접해 보이는 일을 하고 있다고 생각하니 마음이 참 별로였다. 마치 소림사에서 빗자루를 들고 마당 쓸기부터 시작하는 동자승이나, 〈왕좌의 게임〉의 시타델에서 환자들 변기부터 닦고 있는 인턴 마에스터 샘이 된 기분이랄까…? 더 그랬던 게 일찍 와서 실무를 익힌 동기들은 몇 년을 앞서는 로드맵(Road map)을 보고 수정하면서 진짜 기획 일을 하고 있는 것 같은데 나만 뒤처지는 것 같아 위축되고… 성격이 급한 사람들의 문제는 항상 성급한 비교를 통해 부정적인 결론을 도출한다는 것이다. 더 안타까운 건, 아무도 그렇게 생각 안 하는데 혼자만 그러고 있다는 것.

돌이켜보면 그렇게 독특했던 나를 품어준 좋은 동료

들이 있었기에 버틸 수 있었던 것 같다. 늦은 밤까지 회식해도 항상 가장 먼저 출근해 본을 보이시던 능력자 부장님, 살짝 투덜거리시긴 하지만 우직하게 일 잘하시고 후배들도 잘 챙기시던 믿음직한 과장님, 그리고 항상 부족한 나를 챙겨준 동기들, 새삼 고마운 마음이 든다. 다들 지금 어떻게 지내고 계실지…?

4장.

친구들의 꿈, 첫 퇴직금

한번은 용인 어디멘가 으리으리한(?) 회식자리에 간 적이 있다. 가자해서 따라나섰는데 도착해보니 대부분 껌정색 차들에 높은 분들이 많이 계시다! 지금 기억에 계열사 부사장님이 계셨고 이하 대부분 부장님들과 약간의 차장님과 과장님들, 나 같은 신입 나부랭이는 두세 명이다. '헐…!' 갑자기 또 긴장!! '여긴 어디고 나는 여기에 왜 있는 거지?' 그래도 정신을 차려본다. 부장님이 무슨 이유로 나를 데려가셨는지 모르겠지만 다 잘 되라고 잘 하라고 그러신 거겠지. 인사를 시작한다. 누구에게 인사해야 할지 생각할 필요도 없다. 나보다 낮은 사람은 없으니까! 잔을 들고 얼마나 돌아다녔을까, 시계를 보니 한 시간이 지났다. 소개하고 인사하고 한 잔 받아 마시기를 무한 반복, 한 번 앉지도 못하고 흘깃 밑을 보니 비싼 차돌박이는 타고 있는데 한 점 먹지도 못하고(아놔 진짜). 정리하면, 인사하는 데만 한 시간, 안주 없이, 소주 4병을 마셨다! 그래도 정신력일까, 인사하다가 인사불성이 되지는 않았다. '휴…'

어떻게 빠져나왔는지도 모르겠다. '아무래도 정상은 아니었겠지…', 어느새 내 몸은 잠실에 사시던 타부서 부장님 차에 실려 있었다. 돌아오는 차 안에서 딱 봐도 점잖은 중년 연구원 포스의 부장님과 이런저런 얘기를 나누었다. 그러다가 침묵, 부장님이 잠드셨다. 그리고 나는 창문을 열고 바람을 맞는다. 흐리멍덩한 눈으로 응시하던 흐릿한 강변 도시의 야경은 지금도 눈에 선하다. 그리고 문득 맑아진 머리에 스치는 생각들, '이런 게 사회생활인가?', '이렇게 출세를 해야 하는 건가?', '그래도 나는 선택 받고 잘 나가는 것 같은데…' 내가 그러고 싶지 않아도 무한경쟁에서 살아남아야 하는 상황, 견제하는 동료들, 나도 힘들고 그들도 힘들고 괜히 서로 미안해하는 것도 싫고, '지금 나는 잘 하고 있는 걸까…?' 바람이 얼굴을 스친다.

친한 동기 두 명에게 질문을 한 적이 있다. "너희는 꿈이 뭐야?" 코흘리개 시절부터 들어온 질문, 학창시절 때부터 직장인이 되기까지 했던 질문, 지금 이 순간도 내 스스로에게 하고 있는 이 영원한 질문을 쉬는 시간 비상구 계단에서 친구들에게 던졌다. 잠시 미소를 머금는가 싶더니 한 친구가 솔직하게 얘기한다. "난 회사 잘 다니고 돈 좀 모아서 은퇴하면 31종류 맛 아이스크림가게 차리려고~" 그랬더니 옆에서 "오, 난 당구장인데~" 농담인 것 같지만 현실을 반영한 진실된 대답들이다. 그것도 친구니까 그냥 속내를 얘기해주는 거다. 사실 그 즈음 팀 내 유능한 부장급 연구원 두 분의 인사발령이 있었다. 그런데 결과가 천국과 지옥이다. 평소 호탕하고 술도 잘 드시고 정치력도 있는 분은 임원이 되셨다. 평소 묵묵히 자신의 일을 감당하시던 분은 책상을 정리하고 짐을 싸셨다. 잠실 부장님이셨다… 그게 현실이고 인생이다. 알고 있었다. 하지만 20대 후반의 나이에 눈앞에서 직접 목도한 현실은 너무 차갑고 아팠다. 그렇다면 그 때 나의 꿈은 뭐였을까? 뮤지컬 배우였다. 그리고 내가 그만두려는 이유도 분명했다. 나는 그 그룹 후계자가 아니라는 것!

벌써 20년이 다 되어간다. 회사에 남아있는 동기들은 대부분 부장이 되어 있다. 그동안 얼마나 피나는 노력을 하고 살아남았을까, 진심을 담아 박수를 보낸다! 그런데 그 친구들도 이제 몇 년 안에 임원으로 승진을 하든지, 아니면 버티다가 명퇴를 해야 할 수도 있다. 아직 다가오지 않은 동기들의 미래가 어떻게 펼쳐지든 그들을 축복하고 싶다. 그리고 어떤 결과와 방향이든 그들은 잘 해낼 거라 믿어 의심치 않는다. 다만 20년 전의 나는 내 회사가 아닌 곳에서 평생을 보내고 싶지 않았다. 거의 30년 동안, 부모님이 그리고 사회가 정답이라고 말하는 대로 살았다. 장남이라는 어설픈 책임감으로 입사한 것도 있었고, 솔직히 대기업을 다니며 우쭐한 것도 있었다. 하지만 그것만으로 또다시 2~30년을 살 수는 없었다. '언제까지 사람들에게 인정받기 위해 살아가야 한단 말인가?' 그 때 나는 처음으로 꿈을 선택했다. 그리고 정확히 1년 만에 첫 직장을 그만두었다.

지인들에게 가장 많이 들은 단어가 '미쳤다'였다. 그 때는 그런 반응들을 어떻게 받아들였는지 기억나지 않는다. 그런데 살면서 가끔 생각해봤다. 지금도 잠시 글을 멈추고 돌이켜본다. 살짝 미쳤던 게 맞는 것 같다. 너무 이상적이고 철없는 행동이었을 수 있다. 아내가 경제활동을 한다고는 하지만 그래도 부모님, 아내, 두 딸이 있는 가정에서 전통적인 의미의 가장이 쉽게 할 수 있는 결정은 아니었다. 반평생을 정리하며 이 책을 쓰고 있지만, 아마도 인생의 선택들 중 가장 힘들었던 하나가 아니었을까 한다. 멘토들을 만나서 이야기를 나누고, 인생의 가장 중요한 동반자인 아내와 깊이깊이 고민하고 기도한다. 솔직히 그런다고 해서 정답을 찾지는 못한다. 그리고 그런 과정 속에서 더 중요한 삶의 원리도 발견한다. 아무리 어렵고 힘들어도 결국 최종결정은 내가 해야 한다는 것. 첫 직장이라서, 첫 퇴사라서 더 힘들었던 것 같다. 그 뒤로도 참 많이 그만둬봤지만 역시 처음이 최고였다. 지금은 학생들의 진로고민 상담을 하면서 "내가 많이 그만둬봐서 그 쪽은 전문이야!"라고 우스갯소리를 하지만 사실 진담이다. 무엇을 시작하고 그만두는 일이 쉬운 사람은 없다는 걸 너무 잘 알기 때문이다.

정확히 1년을 다녔다. 왜? 그래야 퇴직금을 준댔다. 200만 원을 받았고 그 돈으로 195만 원짜리 비행기 티켓을 끊었다. 퇴직 후 뮤지컬 팀에서 공연과 사역을 위해 떠나는 독일 그리고 거기서 다시 개인적으로 미래에 대한 가능성을 타진해보러 떠나는 브라질까지의 왕복 티켓값이었다. 막 자신감이 샘솟아 그런 선택을 한 게 아니었다. 위대한 성공담들을 가지고 계신 분들의 명언처럼 '세계는 넓고 할 일이 많아서?', '시련은 있어도 좌절은 없으니까?' 그런 문구들만 믿고 한 선택은 더더욱 아니었다. 정말 많이 두려웠지만 그래도 도전하고 싶었다. 아무 일도 하지 않으면 아무 일도 일어나지 않으니까. 청춘은 도전 자체가 성공이라고 했으니까. 그리고 이제는 용기를 내야했다. 용기 있는 사람은 두려움을 느끼지 않는 게 아니라 그 두려움을 이겨내는 사람이라는 말을 붙잡고 앞으로 나아가야 했다. 신의 섭리를 믿고, 나를 사랑하며 응원하는 사람들을 기억하며. 첫 퇴사라는 과정과 도전을 겪고 난 후 스스로 다짐하는 말이 있다. '선택은 있어도 후회는 없다' 그렇게 살아 왔고, 살고 있고, 살고 싶다.

후회하지 않는다. 그리고 첫 직장이었기에 많은 장면들이 애정 어린 추억으로 남았다. 마지막 장면, 여전히 장발에 티에 퍼진 바지를 입은 철없는 연구원이 퇴사하는 날 부장님께 인사를 드린다. 감사했다고, 건강하시라고. 그리고 부장님은 마지막으로 어린 친구를 격려하신다. "형철씨 같은 사람이 남아 있어줘야 하는데…" 다름을 창의성으로, 독특함을 톡톡 튀는 매력으로 봐주신 분이었다. 까마득한 후배사원을 항상 걱정하시며 달래시던 분은 마지막까지 인정의 말로 사람을 세우신다. 그 인생선배님의 진정어린 충고와 조언이 고맙고 그립다… 인정욕구가 강한 사람은 아무것도 아닌 한 마디의 말에 고래 이상으로 오버하며 춤을 춘다. 지는 걸 죽는 것보다 싫어하기에 몸이 상해도 끝을 보고 싶어 한다. 그래서 연수원의 어린 나는 눈물이 날 정도로 귀가 아파도 밤새 행사를 준비했나보다. 빽도 줄도 돈도 없는 나여서 그랬는지 그 때부터 악바리 근성이 생겼나보다. 동기들과 경쟁해서 이기고 싶다기보다는 그런 경쟁을 시키는 세상과 싸워서 이기고 싶었나보다. 감사하고 싶다. 그런 안쓰러운 내가 있었기에 지금의 내가 있으니까. 열심히 살아온 게 잘못은 아니니까. 내 삶의 자랑스러운 한 줄 이력 조각이 되었으니까.

삶은 예술이다.
그리고 사람은 누구나 예술적 기질을 지니고 태어난다.
아름다운 대자연을 보면서 경외와 숭고를 느끼고,
어떤 장르의 음악이든 회화작품이든 들을 수 있는 귀와
볼 수 있는 눈을 가지고 감상한다.
물론 보고 듣고 느끼며 감상하고 비평하는 것과,
직접 예술 활동을 하는 것은 다르다.
예를 들어, 대자연을 좀 더 적극적으로 느끼기 위해
사진을 찍으려면 사진기를 구매하고, 찍는 방법을 배우고,
시간을 내어 출사나 여행을 떠나는 노력을 해야 한다.
그림을 그리기 위해 화구를 준비하고 화실을 다니는 것도
마찬가지 경우이다. 그나마 쉽게 접하고 배울 수 있는 게
노래와 악기일지 모른다. 그래도 무대에서 노래하고
연주할 수 있는 기회는 많지 않다.
그래서 내가 교회 성가대에서 노래하고,
찬양팀에서 드럼을 배우고, 헤비메탈 베이스기타를
연주하며 무대를 동경했는지도 모른다.
그런데, 춤은 얘기가 좀 다르다.
하고 싶어도 기회가 되지 않아 못하는 경우가 많았던
시절이다. 중고등 시절을 지나며 그렇게 예술에 관심이
많았던 나는 우연치 않은 기회에 춤과 무대의 세계로
이끌리게 된다.

6막

A뮤지컬 팀,
춤에 미치다

1장.

짐꾼에서 춤꾼으로: 안 되면 될 때까지!

시작은 짐꾼이었다. 제대와 어학연수 후 다시 복학생이 된 20대 중반의 청년은 항상 차에 무대의상과 공연용 슈즈 shoes 를 싣고 다녔다. 청년이라고는 하지만 26세의 유부남이 아내가 속한 뮤지컬 팀원들을 위해 공연을 따라 다니며 매너남인 척 봉사했다는 것이 더 정확한 설명일 것이다(3막 4장 참고). 어쨌든 그 또한 내가 좋아서 한 일이었다. 그러다가 한 번은 공연연습을 마친 뒤 팀의 리더 선생님을 집에 모셔다드린 적이 있었다. 비가 오는 날이었고 차가 많이 막힌 덕분(?)에 우리는 옥수동(팀 연습실)에서 출발, 구리(우리 집)를 지나 마석(선생님 집)까지 많은 얘기를 나누었다. 그리고 2시간 남짓의 시간동안 선생님의 꿈과 비전에 매혹당했다! 이 책에서 가끔 언급하지만 나 같은 사람은 귀가 참 얇고 잘 넘어가는 타입이다. 신기하고 다행인 건, 철저하게 조심하고 계산해서 그런지 사기는 안 당한다는 것. 앞으로 돌아가서 얘기하자면, 본인들이 생각하는 소중한 가치에 삶을 걸고 봉사하는 사람들과 공동체, 그들의 삶이 멋있었고 부러웠다. 그래서 그걸 배우러 들어가기로 결정했고, 어쨌든 그 날 이후 나는 아내와 같은 팀에서 훈련을 받고 있었다. '헐⋯ 내가 무슨 뮤지컬 팀⋯?' 물론 결혼 전부터 아내와 같이 교회 찬양팀에서 노래하고 드럼을 치긴 했다. 하지만 그건 음악이었고, 이건 분야가 많이 다르지 않은가? 노래만 하는 게 아니라 춤과 연기를 해야 한다! 얼떨결에 낙하산으로 스카우트를 당한(?) 나는 이미 뮤지컬 팀원이 되어 있었다⋯!

이후 내 표면적 신분은 대학생이었지만 실제 신분은 열혈 연습생이었다. 학교 수업은 있는 날만 아주 잠시 참석, 그것도 전공이 아닌 교양과목 위주로 학문을 쌓았다는 건 3막 4장(대학시절)에서 확인하셨을 거고. 신촌은 거의 들르는 수준이었고 내 진짜 하루 일정은 수업 후 옥수동 연습실에서 시작되었다고 해도 과언이 아니다. 학기를 마친 후 방학 때는, 아내를 출근시킨 후 아침부터 저녁까지 하루 종일 연습실에서 살았다. 밥 먹는 시간 빼고 10시간씩 연습한 날도 많았다. 우선순위가 정해지면 다른 걸 잘 못한다. 온통 신경이 거기에 가 있고 시작하면 끝을 봐야 하는 성격이다. 문제는, 묵묵히 열심히 하면 되는데 성격이 급해서 잘 하고 있으면서도 조바심을 낸다는 것이다. 하루 만에 되는 건 없다는 걸 알면서도 눈에 보이지 않으니까 답답한 거다. 그리고 이는 어쩌면 스스로의 능력과 가능성을 믿지 못 하는 타고난 여린 기질로부터 출발하는 현상일 거다. 어쨌든, 내가 생각해도 참 피곤한 스타일이다. 걍 하면 되는데 쫌!!

늦게 시작한 만큼 정말(x100) 열심히 했다. 그럴 수밖에 없었던 이유도 있었다. 팀에 들어가자마자 바닥만 닦은 게 아니라, 중요한 역할의 배우가 되어 무대에 섰으니까…! 남자단원 수가 부족한 탓에 바로 배우가 된 상황도 있었지만, 그래도 다수의 여자단원 선배님들 앞에서 부끄러운 사람이 되지 않으려면 위기를 기회로 만들기 위해 열심히 해야 했다! 그래봤자, 중고딩 때 교회 문학의 밤 연극 정도밖에 못 해 본 애가 연기를 하면 얼마나 하겠는가… 그나마 다행이었던 건 그 작품에 춤이 없었다는 것이고, 그래서 내가 팀원들에게 인정받기 위해 열심 이상으로 사활을 걸었던 건 춤이었다. 처음부터 무대에 섰던 작품이 팀의 메인작품이긴 하지만, 공연목록에는 춤 관련 작품이 훨씬 많았다. 당시 리더 선생님은 뛰어난 댄서이자 안무가셨고 그런 리더의 능력과 성향은 팀 작품에 고스란히 반영되었다. 뮤지컬 배우에게 필요한 모든 춤을 가르치셨던 선생님의 수업을 빠짐없이 들었다. 완전 초짜였기에 기본부터 시작했지만, 시간이 지나면서 중급을 넘어 가르칠 수 있는 수준까지 꾸준히 열심히 배우고 익혔다. 보란 듯이 잘 하고 싶었다!

우선순위를 다른 말로 하면 '무엇에 미치다'이다. 어떤 것에 꽂히면 하루 종일 그 생각밖에 안 한다. 당구에 미치면 잠자리에 누워도 천장이 당구대로 보이고 눈을 감아도 공이 왔다 갔다 한다고 한다. 그건 어떤 종류의 게임(컴퓨터/모바일)이든 마찬가지일 것이다. 사람에 미치는 것도 비슷하다. 너무 보고 싶어서 잠을 못 자고 너무 열 받아서 잠을 못 잔다. 경험해 본 사람은 알겠지만 이쪽이든 저쪽이든 미치는 건 미치는 거다. 글도 그렇다. 어떤 내용을 어떤 방식과 순서로 쓸까 하루 종일 고민한다.

참 이상한 건, 침대에 누워 눈을 감는다거나 화장실에 앉아 쉬고 있을 때 내용과 문장이 더 잘 떠오른다는 것이다. 그래서 행여나 잊을까봐 열매톡에 남기기도 하고 새벽에도 일어나서 컴퓨터를 부팅하고 글을 쓰기도 한다. 음악을 하시는 분들은 노래 가사나 멜로디를 작곡할 때도 비슷한 경험을 한다고 한다. 역시 예술은 깊은 밤하고 잘 어울리나…?

선생님으로부터 5개 장르의 춤을 배웠다. 발레, 현대무용, 째즈, 힙합, 탭댄스. 장르를 불문하고 춤의 기본은 같거나 비슷하다. 몸의 각 부분을 움직이고 쓰는 방법이든지, 기본 테크닉이든지. 하지만 각 장르의 특징과 기술들 그리고 그 느낌은 깊이 들어갈수록 완전히 달라지기도 한다. 한참 시간이 지난 뒤 '어느 정도 춤을 쫌 춘다' 싶었을 때의 이야기이지만, 쪼끔 교만해진 나는 뮤지컬 배우는 춤을 잘 춰야한다고 생각했다. 뮤지컬이라는 문화 장르가 자본의 영향을 많이 받을 수밖에 없기에 티켓파워를 지닌 연예인이 주인공을 하는 경우가 많다 쳐도, 그래도 진정한 뮤지컬 배우는 노래, 춤, 연기 삼박자가 어우러진 진정한 예술인이어야 한다고 믿었다. 그 중에서도

춤! 5개 장르의 춤을 다 잘 소화하는 사람이 '진짜'라고 여겼다. 그때의 나는 그랬다. 진정한 춤꾼이자 배우가 되고 싶었던 뮤지컬 새싹은 세상물정 모르는 철없는 애였다.

그래도 5개의 춤을 잘 추려고 노력은 하는 애였다! 세상만사는 기본이 진리! 기본부터 열심히 했다. 20년 넘게 굳어있던 몸을 늘이며 스트레칭을 하고, 근육운동을 하고, 아침부터 연습실 옆 초등학교 운동장을 뛰고. 하루에 면 티를 세 장씩 가지고 다녔다. 오전-오후-저녁까지 운동에, 춤 기본에, 여러 장르 다양한 테크닉에, 많은 작품들 연습까지! 춤 좀 춰보신 분들은 알겠지만 춤추기 전 하는 워밍업을 하루에 세 번 했다고 생각해 보시라!(보통 춤 연습하기 전 몸이 다치지 않게 하기 위해 30분~1시간 워밍업을 한다. 중간 중간 밥도 먹고 휴식도 취하니까) 조금 정신이 나갔다거나 정말 미치게 좋아하지 않고서는 할 수 없는 일이다. 하루 종일 10시간 이상 춤을 춘 날이어도 집에 돌아와서 잘 때는 다리를 찢어서 벽에 대고 자거나 골반을 벌리기 위해 다이아몬드 모형으로 다리를 벌리고 잤다. 그 와중에 좀 슬픈 건, 아무리 노력해도 '안 되는 건 안 된다'는 현타(현실타격)였다. 다리를 들어 올리는 동작을

예로 들자면, 힘으로 차서 올리는 사람과 타고났거나 아기 때부터 발레를 해서 다리를 빼서(?) 골반에 편하게 걸어 올리는 사람은 차원이 다른 퍼포먼스를 하게 된다. 춤을 비롯해 몸을 쓰는 예술이나 운동은 어린 시기가 지나면 어쩔 수 없는 한계가 존재한다는 걸 뼈저리게 체험한 셈이다. 그래도 시도는 한다. '나도 초딩 때 태권도 품띠(검은띠)까지 딴 사람인데!', '어릴 때 사범님이 다리를 확 찢어서 피멍이 들었지? 그런 한이 있더라도 한 번 해 보자!'라고 생각하다가 문득 '이러다 진짜 근육이나 신경이 심하게 끊어지면 어떡하지? 이제 나이도 있고…'라고 소심해진다… 피아노를 더 잘 치기 위해서, 포크볼을 잘 던지기 위해서 손가락 사이도 찢었다는 분들은 정말 대단한 분들인 거다. 자기의 일을 얼마나 미친 듯이 사랑하면 그럴 수 있을까?

'안 되면 되게 하라!'는 특전사 구호가 있다. 근데 그거보다 더 무서운 말이 있다. '안 되면 될 때까지!' 스스로에게 지침을 내린다. '이게 되든 아님 내가 죽든 무한반복으로 연습한다.' 그리고 또 하나, '다 연습하지만 그래도 그 중에서 내가 잘 할 수 있는 걸 한다.' 전반적으로 춤을 잘 추는 춤꾼도 자기만의 시그니처 전문-고유영역이 있다. 제일 자신 있고 잘 어울리는 장르와 춤사위(?)가 그것이다. 나는 째즈와 탭댄스였다. 적어도 내 생각에는… 부족한 장르는 기본 이상으로라도 잘 하려 했지만 두 분야는 아니었다. 정말 열심히 연습했고 턴(2장 참고)을 비롯한 째즈 기술들은 남들보다 최소한 두 세배 이상은 노력했다. 그리고 탭 tap 댄스! 선생님이 초급을 가르쳐주셨는데 너무 재미있었다. 중급 이상의 것을 배우고 싶었다. 그래서 대학로로 진출, 사비를 털어 여러 가지 탭댄스의 기술들을 배웠다(탭댄스도 나라나 분야마다 다양한 기술이 있다). 얼마나 열심히 연습했는지 발톱이 빠졌다! 내 기억에 속으로 '하나 정도는 선생님도 이길 수 있는 게 있었으면 좋겠다!'고 생각했던 것 같다. 그래서 발톱은 혼자만의 훈장이고 자랑이었다! 나는 더 이상 나이스(nice)한 짐꾼이 아닌 진정한 춤꾼이 되어가는 중이었다!

2장.

머릿속이 하얘지다: 턴(turn)에 대하여

은반 위의 요정을 넘어 시대의 여왕이었던 김연아 선수가 멋지게 펼쳤던 기술 중 하나가 콤비네이션 점프 (combination jump)이다. 시간이 흐르면서 선수들의 기술도 발전해서(또는 남자 선수들은 힘이 더 좋아서?) 요즘은 다들 잘하는 것처럼 보일지 몰라도, 현역시절 김선수의 피겨 스케이팅 연기와 기술은 당대의 라이벌들(일본이든 러시아든)과는 비교되지 않는 수준이었다. 특히 콤비네이션 점프를 하면서 연속으로 공중에서 2~3회 턴을 하는 장면은 그녀의 아름다운 작품 속에서 가장 화려한 꽃이었다고 할 수 있다.

춤에는 다양한 장르(종류)가 있고 각 춤마다 익혀야 하는 몸의 자세와 동작 그리고 기술들이 있다. 그리고 대부분의 장르에서 많은 연습을 필요로 하는 화려한 기술 중 하나가 턴(turn)이다. 물론 턴을 잘한다고 해서 춤을 잘 춘다고 말할 수는 없다. 글씨를 멋지게 쓰는 것과 글을 잘 쓰는 것이 다르고, 목소리가 좋다고 노래를 잘 하는 것이 아니고, 각종 운동의 자세가 좋다고 해서 플레이를 잘하는 것이 아닌 것과 같은 이치이다. 하지만, 춤을 잘 추는데 턴까지 잘한다면 그건 금상첨화이다. 그리고 그런 댄서는 인정을 받을 수밖에 없다.

팀에 있으면서 발레와 째즈 장르의 다양한 턴들을 집중적으로 연습했다: 쉐네턴 chaines turns, 회오리처럼 돌면서 이쪽에서 저쪽 끝으로 가는 턴, 피케턴 pique turn, 쉐네처럼 이동하면서 하는 턴이지만 한 발을 중심축으로 한다, 피루엣턴 pirouette turn, 한 발을 중심축으로 하는 제자리 턴. 그리고 공중 턴까지! 쉐네와 피케는 어지럼증이 생기고 토가 나올 때까지, 피루엣과 공중 투 턴(김연아 선수가 하는 투 턴을 땅에서 한다고 생각하면 된다)은 공연작품에서 실제로 능숙하게 연기해야 했기에 수도 없이 넘어지면서 반복 연습을 했다.

한번은 지방 한 도시의 큰 예술회관 무대에 선 적이 있었다. 실력에 비해 무대에 자주 섰던 만큼 항상 긴장 속에 살았고, 주어지는 기회에 감사하기도 했지만 그만큼 무거운 책임감에 시달려야 했던 시기였다. 공연 중, 남자세 명이 그 큰 무대를 채워야 하는 장면이 있었다. 두려움을 떨치고 자신 있게 뛰어나갔고 멋지게 연기를 펼쳤다.

그리고 마지막 피루엣 투 턴! 찰나의 순간 뒤, 나는 그 큰
무대 위에 쓰러져있는 나 자신을 발견했다! 턴을 하다가
머릿속이 하얘지면서 그대로 넘어진 것이다…!!

눈 내린 겨울에 버스정류장에서 또는 계단을 내려가다가 미끄러져 넘어져본 경험이 있는 사람들은 안다. 아프다는 감각보다 너무 짜프르… 창피한 생각이 먼저 앞선다는 사실을! 20년 가까이 지났지만, 예술회관에서의 경험은 아픔과 창피함을 넘어선 그 이상의 충격이었다. 당황과 좌절, 실망을 넘어 죄책감까지… 아무 말도 할 수 없었고 그 어떤 말도 위로가 되지 않았다. 무엇보다 스스로 이해도 용납도 되지 않았다. 아니, 솔직히 너무 화가 났다! 누구보다도 열심히 연습했다고 생각했는데, 연습량보다 자신감 부족이 컸다는 사실을 인정하고 싶지 않았다. 화도 났지만, 더 큰 감정은 슬픔이었다. '다른 친구들은 실전에서 그냥 자신 있게 하는 것 같은데 나는 왜 못할까?', '너무 곧이곧대로 공식대로만 하는 걸까?' 사실, 이런 질문들도 한참 뒤에 하게 된 질문들이다.

다시 연습실로 돌아와 거울 앞에 선 나는 멍하게 자기 자신을 바라보고 있다. 사실, 너무 위축되면 아무것도 하지 못하는 상태가 된다. 할 수도 없고, 하고 싶지도 않다. 하지만 그래도 해야 하는 상황이라면? 결국은 극복해야 하는 것만이 답이다. 그렇다면 해답은? 자문자답해본다.

어설픈 자신감은 화를 부를 수 있다는 것, 그런 자신감은 무의식의 교만일 수도 있다는 것, 아니, 아직 자신감을 가질 실력이 아니라는 것을 인정하는 것!

그리고, 다시 기본으로 돌아간다. 역시 중요한 건 기본이기에. 턴에서 중요한 것은, '도는 것'이 아니라 '똑바로 서는 것'이라는 사실을 다시 곱씹는다. 내가 자신 있는 방향으로 어거지로 돌려고만 하는 것이 아니라 좌우 균형을 잡고, 밑으로 누르며 위로 올라서는 것이 턴의 핵심임을 수도 없이 곱씹고 몸에 적용하려 애쓴다. 이제 하루 10시간 연습을 한다면, 2~3시간은 턴 연습을 한다. 기준을 높인다. 투 턴을 넘어, 어이없지만 "Say you Say me"로 유명한 영화 〈백야〉(1985) 속 바리시니코프의 11번 턴을 목표로 연습한다(〈백야〉에는 탭댄스로 유명한 그레고리 하인즈 할아버지도 나오신다). 그렇게 하고 또 하고 몇 달을 하다가, 6번까지 성공하고 희열한 적이 있다!(목표를 150은 잡아야 100 비슷하게 한다!) 발바닥이 짓눌려서 장기간 염증으로 고생하기도 했지만(피루엣 턴은 한 발바닥으로 버텨야하니까 '족저 근막염'이 생겼다. 요새 운동 많이 하시는 분들이 많이 걸린단다), 반복적으로 노력한 결과이기에 감사한 고통으로 여긴다. 영화 속 비기(祕技)를 체득한 무림고수들처럼!

넘어져봤기에 일어나는 법을 배웠다. 비참해봤고 절박하게 노력했기에 성장할 수 있었다. 남이 훈계해줘서가 아니라 내가 몸으로 삶으로 느끼고 변화되었기에 감사하다. 오랜 시간이 지난 지금 그래서 다시 생각하게 된다. 내 삶 속 지나간 '하얀 기억'들, 그것들이 많을수록 그만큼 내 인생의 성숙을 이루어준 퍼즐조각들이 많았음에 감사해야 한다는 것을 말이다.

3장.
춤에서 배운 인생: 열정의 트레이너, 솔직한 춤

춤은 인생이다. 감히 한 번 그렇게 말해보고 싶었다. 왜 이렇게 말하는지는 이 장 마지막에! 그 전에 먼저, 나는 팀에서 무서운 트레이너였다. 아니 지금 생각해보면, '지 잘난' 또는 '재수 없는(?)' 캐릭터였던 것 같다. 노력하는 사람들의 특징이 있다. 남들보다 몇 배 상상이상으로 엄청나게 노력하고 기필코 성취를 이룬다. 그리고 나서 겸손한 척한다. 일상에서도 마찬가지인 듯하다. 규범적으로, 윤리적으로 기본이라 생각하는 것들을 지키려 노력하며 스스로 FM이라고 생각한다. 사실 자기만의 기준으로 멋대로 하는 경우도 많은데… 그래서 옆에서 아내가 항상 얘기한다. '다 자기 같은 줄 안다'고, 그래서 '쉽게 남을 판단한다'고. 결국 나는 기본과 상식 그리고 노력에 의한 당연한(?) 성취를 외치는 꼰대였던 것이다. '무섭다'를 다른 말로 하면 '남을 괴롭히다'일 수 있다. 그 때는 몰랐지만 이제 와서 생각해보니 그런 것 같다. 그래도 아직 조금은 그 당시 내 입장의 생각이 남아있기에 변명은 하고 싶다 (원래 성격이니…). 내 열정의 괴롭힘(?)은 후배들을 향한 애정과 안타까움의 표현이었다는 것!

얼마 전, 〈서민갑부〉라는 TV 프로그램을 보다가 훌륭한 리더의 상을 보고 감동을 먹은 적이 있다. 물론 그들이 돈을 많이 벌긴 하지만, 그렇게 되기까지 얼마나 피나는 노력을 했겠는가. 아침저녁으로 한 움큼의 약을 먹어야할 정도로 몸을 사리지 않고 일을 하는 사장님의 모습이 화면에 나온다. 창의적인 아이디어와 함께 좋은 음식으로 고객을 대접하고 식당을 운영하는 사장님은 돈을 많이 벌 만하시다! 그런데, 중요한 건 그 다음 화면! 쉬는 시간, 직원이 식사를 할 때 본인이 설거지를 하며 마지막 정리를 직접 하시는 사장님. "내가 이렇게 해야 직원들이 손님에게 잘 하죠…"라고 말씀하신다. 솔선수범하는 리더 그리고 일하는 것 자체가 즐겁다는 리더는 아무도 이길 수 없다! 나도 그랬다. 솔선수범했고 춤추는 것이 너무 좋았다. 그런데 그 당시 나는 사장님처럼 후배들을 배려하지는 못했던 것 같다. 내가 열심히 하니까 후배들은 당연히 열심히 해야 한다고 생각했다. 연습할 때 뒤에서 지켜보는 것이 아니라, 거울 앞에서 함께 똑같이 숨이 목에 찰 때까지 춤을 추며 작품을 연습하는 나는 훌륭한 선배이자 트레이너라고 생각했다. 그런데, 지금 생각해보니 참 질린다. 열정과 열심과 최선, 참 좋은 단어들이지만 때론 누군가에겐 그 단어들이 부담, 부당함, 억울함 그리고 상처로 이어질 수 있다는 걸 왜 몰랐을까? 사실, 그걸 먼저 경험한 게 나였는데. 내가 선생이 되기 전 선생님이 나에게만 따로 적용했던 높은 기준, 그것 때문에 상처 받은 나였는데…

'훈련은 실전같이, 실전은 훈련같이'라는 말이 있다. 그런데 나 같이 쿨(cool)하지 못한 사람은 전자는 몰라도 후자는 잘 안 된다. 훈련은 실전같이 할 수 있다. 그만큼 이를 악물고 진짜처럼 열심히 하면 되니까. 그런데, 멘탈이 약한 사람은 실전이 훈련같이 안 된다! 아무리 맘을 그렇게 먹어도 이미 알고 있다는 듯 식은땀이 나면서 생각이 멈추고 멍해진다. 결국 '실전은 그냥 실전인 것이다!!' 스스로에게 '정말 너 이럴래?!'라고 소리치지만, 동시에 다른 사람들도 그렇다며 다시 스스로를 위로한다. '나만 그런 거 아니야… 그니까 인생은 겸손해야 하는 거야…'라며. 인생이 참 얄미운 건, 꼭 훈련이 아닌 실전에 위기가 닥친다는 것이다! 국내외에서 수차례 공연을 하면서 참 많은 위기의 상황을 겪었더랬다. 그리고 그런 위기상황에 의연하게 대처하기 위해 그렇게도 수없이 스스로도 훈련하고 후배들을 쪼기도 했는데 결과는?

길거리 버스킹이든 어떤 규모의 극장이든 공연을 하다보면 예기치 못한 상황에 직면할 때가 있다. 일본의 한 광장에서 공연을 하는데 CD 플레이어가 자꾸 꺼지면서 공연이 중단되었지만, 아무렇지 않은 듯 다시 공연을 시작해야 했다. 숭실대 대강당에서 공연을 하는데 무대 뒤 포크머신(안개효과 발생장치)에서 불이 났지만 끄면서 공연을 진행했다. 대박은 시애틀, 내가 춤을 추다가 숨이 막히면서 얼굴이 하얘졌다. 잠시 무대 뒤로 들어와서 동료들로부터 전신마사지를 받는다. 그리고 다시 뛰어나가 춤을 췄다! 생사가 오가는 황당하고 당황스러운 순간, 나에게 왜 이런 일이 일어나지 싶은 순간, 그 모든 위기의 순간들을 경험하고 넘겼던 사람들은 그만큼 '기회'가 많았던 인생이었다는 걸 기억하는 동시에 겸손하게 감사할 수 있는 것 같다. 괴롭혔음에도(?) 기도해준 후배들이 눈물 날 정도로 고마웠다. 그리고 또 하나 배우며 긴장하게 된다! '위기는 언제나 찾아온다는 것, 그리고 그 때 나는 어떻게 할 것인가?'

사실, 돌발 상황이 아니어도 항상 무대 뒤에서 떨고 있던 나였고, 무대 위에서는 식은땀을 흘리고 있던 나였다. 등장 전 미친 듯 뛰는 가슴을 진정시키기 위해 무릎 꿇고 기도하지 않으면 안 되는 나였다. 그런데, 그렇게 하루하루 쉽지 않은 공연을 하고 춤을 추면서도 그냥, 너무, 좋았다! 왜?(드디어 나온다!) '춤은 내 인생이었으니까!'

두렵고 간절한 인생의 그 무엇을 표현해주었으니까! 그리고 춤은 솔직했으니까!! 타고나서 잘 하거나, 오랜 시간을 투자해야 늘까 말까 한 노래나 연기와는 다른 게 춤이었다(물론 춤도 타고나는 사람이 있다). 적어도 나에게는 시간과 노력을 투자하는 만큼 실력이 느는 게 눈으로 보이는 게 춤이었다. 그래서 더 좋아했던 것 같다. 내가 남보다 시간을 더 많이 들여서 열심히 하면 됐다. 말로 하는 게 아니라 몸으로 보여주면 됐다. 그것만큼 솔직한 가능성의 영역은 없었다.

존경하는 위인들도 그랬다는 것에 위로를 얻는다. 강수진, 김연아, 박지성, 그들의 발은 처절한 감동이다. 예술과 운동을 넘어 어떤 영역이든 영웅적인 업적을 이루어낸 사람들의 삶은 그냥 만들어진 게 아니다. 그들도 나도 우리 모두도 아는 것이 있다. '연습을 하루 쉬면 내가 알고, 이틀 쉬면 가까운 주변 사람들이 알고, 사흘 쉬면 모두가 다 안다'는 말. 그건 말이 아니라 삶의 진리이다. 모든 건 끊임없는 열정과 노력과 연습에서 나오는 결과물이라는 것. 감사한 건, 솔직한 '춤'이라는 소중한 도구를 통해 나라는 존재를 가늠해볼 수 있었다는 것이었다.

'과연 나는 어디까지 할 수 있을까?' 부족함과, 소심함과, 두려움과, 떨림의 질문에 극복의 기회를 선사한 건 바로 '춤'이었다!!

4장.

언더(under)에서 오버(over)로

진심으로! 내 평생 가장 열정적이고 행복했던 시절이 었다고 말해도 과언이 아니다! 실제로 인생의 꽃이라고 할 수 있는 절정의 청춘기였고 가장 아름다웠던 시절이 었다. 미쳤다는 소릴 들으며 S전자 연구원을 포기하고 수 년에 걸쳐 인생을 걸었다. 수많은 시간을 들이며 헤아릴 수 없는 정도의 땀을 쏟았고 매일 저녁 땀 냄새(쉰내)나 는 옷들을 가지고 집으로 돌아왔다. 수년 동안의 점심은 천 원짜리 할머니 김밥이었지만(+사발면), 당시 꿈을 꾸 던 나에게 경제적인 훈련은 문제가 되지 않았다. 좌절도, 상처도 많았지만 후회라는 단어는 그때도 지금도 존재하지 않는다. 힘들어도 힘들지 않았다. 그만큼 꿈에 인생을 다 걸고, 꿈이 이루어질 거라 믿고, 순수하게 열정적으로 거침없이 좋아하는 걸 하던 시절이었다.

물론 몇 년이라는 시간(5~6년)이 짧은 시간도 아니고, 그동안 이런저런 우여곡절이 없었던 건 아니다. 앞의 1, 2, 3장에 나열된 부족함과 위기의 상황들 외에도 얼마나 많은 문제들이 있었겠는가? 무엇보다 아직 다듬어지지 않은 많은 인격들이 모여 있는 공동체에는 각자의 입장 차로 인해 발생하는 관계의 문제들이 언제나 자리 잡고 있다. 어리고 여린 것 같으면서도 혈기와 고집으로 뭉쳐있던 나 또한 한 몫을 했으리라. 말로, 행동으로, 훈련과 공연의 과정 중에 참 많은 상처들을 주고받았을 것이다. 아무리 서로 존중하고 배려하는 팀이라도 시간이 지나면서 사람은 의식적으로든 무의식적으로든 실수하게 마련이니까.

딱 15년 전 이맘 때(2004~5년 연말연시)였던 것 같다. 개인적으로는 팀에서 가장 힘든 시기를 보냈고, 내 입장에서는 오해로 인해(내가 젤 싫어하는) 당시로서는 감당하기 힘든 상처를 받았다. 팀에 들어간 이후, 가정과 진로 때문에 양자택일 또는 병행(two job)을 선택해야 하는 몇 번의 고비는 있었지만 그럼에도 팀과 사역이 항상 최우선이었다. 대학을 졸업하며 S기업에 들어가서도 우선순위는 팀이었다. 예를 들어, 공연이 잡히면 바로 휴가를 냈다. 한번은 전날 저녁 갑자기 잡힌 공연 때문에 다음날 공연 장소에 가서 전화로 반차를 낸 적도 있다. 무엇에 미치면 그렇게 된다. 회사를 그만두고 팀 전임간사를 할 때는 말할 것도 없다. 그런데, L기업(7막 참고)에서 영업을 하는 동안 문제가 생겼다. 간사와 트레이너 역할을 제대로 못 하는 내가 리더 그룹에서 배제가 되었고, 그때의 나는 그걸 받아들이기 힘들었다. 팀의 상황과 팀원들의 입장이 있었지만 내 입장도 있다고 여겼으니까. 마지막으로 리더 선생님과 만나서 얘기를 나누었고, 어쨌든 이를 계기로 나는 팀을 떠나기로 마음을 먹었다.

한 마디였다. 선생님의 한 마디(기억하실까? 건강하시길 기도한다)를 끝으로 나는 팀을 떠났고 그 이후 내 인생은 완전히 다른 길을 걸었다. 우선순위에 대한 집착과 팀에 대한 열정이 컸던 만큼 상처도 깊고 오래 지속되었다. 그때의 나는 지금보다도 훨씬 어리고 여린 형철이었으니까… 돌이켜보면 나도 참 미련한 고집쟁이였다. 조금만 여유를 가지고 조금만 양보하면 되는 거였는데… 나 같은 사람의 문제가 그거다. 어디에 꽂히면 주변을 돌아보지 못한다는 것. 사실 그때도 가족을 위해 영업을 하고, 팀을 약간만 내려놓았으면 됐다. 그런데 그런 게 용납이 안 되는 거다. 내 역할과 책임을 다 해야 한다는 이상한 아집, 그것만큼 사람을 바보로 만드는 건 없는 듯하다. 이제라도 깨닫고 있으니 다행이지 싶다. 그 무엇보다 중요한 건 '가족'이라는 것. 우선순위? 가족을 넘어서는 우선순위가 있다면, 그 생각이 정말 맞는 것인지 다시(x10,000) 생각해봐야 할 것이다. 다시 생각해보시길 바란다!

  '이제 뭘 해야 하나?' 일하면서 돈을 벌고 있는데도 딴 생각을 한다… 인생의 우선순위가 하루아침에 사라졌는데 안 그렇겠나…! 그러던 중 친구에게 연락이 왔다. 예술대학원을 다니면서 그 당시 이미 일반 뮤지컬계로 진출해 〈미녀와 야수〉의 배우를 하고 있던 친구였다. 잠시 팀에도 같이 있었던 친구가 권면한다. "언더그라운드에서 그만큼 봉사했으면 됐어. 이제 나랑 같이 하자!" 힘든 시기에 연락해준 친구가 고마웠고, 그의 위로의 말에 다시 힘이 생기기 시작했다. '다시 춤을 출 수 있다!' 이후 친구와 나는 함께 오디션을 준비하기로 했다. 문화예술 특히 뮤지컬 쪽에 투자가 일어나고 있던 시기였고, 이에 뮤지컬의 본고장인 웨스트앤드와 브로드웨이에서 대형 뮤지컬 작품들과 관련된 사람들이 들어와 돕던 시절이었다. 우리가 선택한 작품은 2005년 초연되었던 〈아이다〉, 화려한 조명 쇼와 댄서들의 춤이 압권인 작품의 오디션에서 춤이 중요하다는 건 말할 필요도 없다. 그리고 딴 건 몰라도 춤에 자신 있었던 우리는 함께 안무 영상을 보며 준비를 시작했다. 각자 노래도 준비한다. 그때 나는 팝송을 준비했다. 'I believe I can fly' 나는 다시 날아오르고 싶었다…!

그런데 2005년, 나는 다시 입시생이 되었다(8막 참고). '오디션 준비하다말고 갑자기 무슨 소리래?' 싶으실 거다. 참 인생은 알다가도 모를 크리스마스 선물 같은 거다. 이건 줄 알고 열었는데 다른 게 튀어나온다. 오디션을 준비하던 중 또 다른 옵션이 생겼다('이건 또 무슨 소리?' 싶으실 거다). 어렸을 때부터 의대도 공대도 아닌 하고 싶었던 공부가 있었고, 결론적으로 나는 신의 부르심 calling 을 오해(?)하고 대학원 준비를 시작했다. 역시 인생은 살아봐야 아는 것 같다. 생계를 위해 영업을 해야 했고, 그로 인해 소홀해졌던 팀 사역을 내려놓고 나올 수밖에 없는 상황에 처했었다. 그때는 너무 큰 아픔이었는데 지나고 보니 내 인생에 필요했던 과정이었나 싶다. 아픔을 딛고 한 발짝 더 나아가기 위해 거쳐야 하는 쓴 약 같은? 그것이 신의 섭리에 의한 삶의 여정이었다면 참 감사한 일인 것 같다. 오디션이든, 새로운 공부든 나에게는 두 가지 중 하나를 선택할 수 있는 행복한 고민이 있었으니까. 돈벌이와 예술사역 둘 다를 내려놓고 공부를 선택할 수 있었음에 감사했고, 그렇게 인생의 다음 레벨로 나아갈 수 있음에 감사했다. 만약 내가 오해하고 공부를 선택했다 해도 그 또한 감사하다. 스스로 결단할 능력도 배포도 없어서 신이 그렇게 이끌었을 수 있으니까! 그리고 그런 시간을 거쳤기에 지금의 내가 있으니까! 그럼에도 아직 미련은 남아있다. 언젠가 무대에 다시 서고 싶다. 춤추고 노래하고 연기하는 내 모습을 상상한다. 그리고 여전히 그렇게 철없이 꿈꾸는 내가 좋다!!

인생은 결국 영업이다.
수렵시대에 동식물 채집을 통해
자급자족으로 먹고 살았다면,
그 이후 모든 가치들(인간의 삶에 필요한 음식과 모든
생필품과 서비스들)은 교환을 통해 이루어졌다.
그래서 따지고 보면 사실 고상한 척도 필요 없고,
직업에 귀천이 없는 것도 당연한 것이다.
'먹어야 살지!'

지난 시절이 감사한 건,
나는 그 어렵다는 영업을 젊은 시절에 배웠다는 것이다.
물론 자의보다는 어설픈 책임감에 의한 것이었지만,
어쨌든 그 시기도 감사로 남는다.

L화재, 영업사원이 되다

1장.

다시 입사, 이왕 벌 거면 많이 벌자!

아무리 훌륭한 일을 한다고 해도 그것보다 우선하는 중요한 것 두 가지가 있다. 건강 그리고 밥. 건강을 잃으면 하고 싶어도 못 하는 것들이 많다. 가족의 끼니를 걱정해야 하는 상황이라면 아무리 남을 돕는 일이고 가치 있는 일이라 해도 그건 책임감 없는 사치일 뿐이다. 뮤지컬 팀에서 전임으로 사역을 하던 중 다시 입사를 해야 할 수밖에 없는 가정상황이 생겼다. 아내가 둘째 딸을 낳고 1년 휴직에 들어갔기 때문이다. 첫째 딸 때도 그랬지만 아내는 아이를 낳으면 무조건 1년 동안 아기를 엄마의 품에서 키웠다. 참 대단하고 훌륭한 선택이다. 25년을 넘게 옆에서 봤지만 우선순위가 무엇인지, 삶 가운데 지켜야 할 중요한 것들이 무엇인지 아는 존경스러운 사람이다(물론 나 같은 사람하고 살아주는 것만 해도 훌륭한 사람이라는

걸 나도 안다. 주변에서 그렇게 얘기도 많이 하고). 어쨌
든 경제적인 상황으로 돌아가면, 문화예술로 봉사한다고
몇 년 동안 고정적인 수입이 없던 나, 1년 중 4개월만 유
급휴가를 받는 아내, 가족의 생활을 위해서는 돈이 필요
했고 나는 다시 입사준비를 시작했다.

여기저기 회사들을 알아보는데 나이도 애매하고 연
구소 경력도 짧다. 그것마저도 춤추다가 단절된 상태라
어필하기에는 많이 부족하다. 사실 연구 분야는 가고 싶
은 마음도 없었다. 그렇게 검색하다가 눈에 들어온 게 영
업직, 나는 돈이 필요했고 실적을 올리는 만큼 통장에 꽂
힐 테니까 이거다 싶었다. 힘들겠지만 '아직 젊으니까 할
수 있어!'라는 생각이 앞섰다. 그때는 영업이라는 게 얼마
나 힘든지 모를 때였으니까… 어쨌든 나는 L화재 채용공
고를 보고 지원하기로 맘을 먹었다. 그 당시(2000년대 초
반) 우리나라 보험업계에는 두 가지 흐름이 있었다(적어
도 내 생각에는 그렇다). 첫째, 푸르덴셜이나 ING 같은 외
국계 보험사들이 소위 종신보험을 많이 팔던 때였다. 주
로 대기업을 다니던 인맥 좋고 말빨 좋은 사람을 설계사
로 뽑아서 영업을 했다. 나도 그때 잠깐 가입했었고. 둘째,

실손 보험에 대한 인식이 퍼지기 시작한 때였다. 그때는 사람들이 생명보험과 손해(실손/화재)보험의 차이를 잘 모르던 시절이었다. 이런 두 기류를 파악한 S와 L사는 외국 보험사를 벤치마킹하여 젊은 남자 경력직들을 뽑기 시작했다. 보험은 아줌마 부대라는 인식이 강하던 시절 신선한 시도이긴 했다. 결국 나는 모든 종류의 보험 상품을 다 팔 수 있다는 매력에 L화재에 지원했고 면접 후 당당히 RFC Risk & Financial Consultant 가 되었다.

입사 후 한동안은 교육이었다. 보험 전반에 대한 이론교육과 더불어 자격증(생명/손해 둘 다) 준비, 다양한 실제 사례와 이에 대한 롤 플레이 교육, 선배들의 생생한 현장경험과 동기부여(주로 실적이 좋은 선배들의 연봉이나 혜택에 관한 것들이다). 나와 동기들은 새벽부터 열심히 공부하면서 이후 영업 실전에 대비하듯 최대한 텐션을 끌어 올린다. 모두 돈을 많이 벌어보겠다는 생각을 가지고 온 친구들이고 그만큼 꿈도 야망도 크다. 영업의 매력은 하는 만큼 벌 수 있다는 것이고, 돈만큼 확실한 동기부여는 없다. 앞에서도 잠깐 말했지만 아직 우리는 현실이 얼마나 냉혹한지, 돈이 얼마나 어렵고 무서운 것인지 몰랐다. 더군다나 보험 영업이 얼마나 힘든 것인지도. 여기서 잠깐, '영업의 꽃'이 뭐냐에 대해 설왕설래 말들이 많지만, 눈에 보이지 않는 상품을 파는 '보험이 꽃'이라는 말에 한 표를 주고 싶다. 아직 닥치지 않은(그리고 평생 안 닥치는 게 좋은) 건강과 재산의 손해에 대해 미리 대비하는 무형의 상품을 파는 것이 참 매력적이지 않은가? 아무 문제없을 때는 없어도 될 것 같지만, 건강이든 재산이든 잃고 나서 '미리 들어놓을 걸…'이라고 후회해도 소용없는 그런 상품, 우리네 인생사하고도 참 많이 닮아있는 듯하다. 교육이 끝나고 자격증을 딴 우리는 정식 영업사원이 되었다.

두 개의 자격증을 따고 사업자등록까지 하고나니, 진짜 사장님도 아니고 아직 돈도 못 버는 주제에 뭐라도 된 것 같은 기분이다(그러고 보니 지금 다시 해도 되네? 이참에 돈 좀 벌어볼까?). 쥐뿔 없어도 그런 마음으로 어딘가에 출근해서 일을 할 수 있다는 건 감사한 일이다. 정신건강에도 좋고. 새벽에 말끔하게 다려진 와이셔츠와 슈트suit를 입고 한 손에는 노트북을 들고 사무실로 들어선다. 사무실에 PC가 있지만, 항상 고객을 만날 때는 그들에게 맞는 상품의 포트폴리오들을 노트북으로 보여주며 좀 있어보이게 영업하는 게 당시 콘셉트였다. 오전에는 주로 사무실에서 업무들을 처리한다. 이유도 있는데 그건 다다음 장에서. PC를 부팅하고 하루 일과를 살핀다. 밀린 업무를 처리하고, 마케팅 자료들을 만든다. 오늘 고객들과의 만남 일정을 체크하고, 그들 각각에게 제시할 상품과 포트폴리오, 가입설계서와 청약서 등을 챙긴다.

그리고 이제는 전화! 영업직이 다 그렇겠지만 이미 교육 때부터 준비해놓았던 명단들을 다시 살핀다. 매일 출근해서 하는 일 중에서 제일 어려운 일이다. '몇 년 전, 언제 마지막으로 연락했지?' 생각이 날 리가 없다. 동창들, 친척들, 지인들 그리고 지인의 지인들… 요새 전화나 열매톡으로 결혼한다고 소식을 전하는 사람들이 있다. 몇십 년 만에! 또는 '나한테까지?'라는 생각이 드는 사람에게서. 내가 그랬다. 수화기를 들 때마다 갈등이 되지만 그래도 눈 딱 감고 번호를 누른다. 민망하지만 약속을 잡고 그들을 만난다. 오랜만인데 만나주는 사람들을 보면 참 착하다는 생각이 든다. 그래서 우리나라에서는 '정(情)' 마케팅이 통하나보다(하긴 초코파이도 그렇게 파니). 이런 저런 근황을 얘기하다가 결국 상품 얘기를 한다. 그들도 그게 본론이라는 걸 이미 알고 있다. 그리고 아무리 화려하게 치장해도 보험은 보험이다. 하지만 나도 물러설 수 없다. 영업은 영업이고 실적은 남겨야한다. 그게 현실이니까.

이왕 벌 거면 많이 벌고 싶었다. 어떤 이유에서 시작한 영업이든 잘 하고 싶었다. 그리고 할 수만 있다면 보험 영업에 대한 선입견도 깨는 동시에 사람들의 필요에 맞는 상품들을 정말 잘 팔고 싶었다. 매일매일 하루 종일 얼마나 많이 걷고 또 걸었는지 모른다. 얼마나 많은 가게들을 방문하고 많은 사람들을 만났는지 모른다. 그리고 얼마나 많은 냉대와 거절을 받았는지 헤아릴 수 없다. 지금 생각해봐도 '어떻게 나 같은 애가 그걸 했지?' 싶다. 그리고 문득 떠오른 S그룹 연수원 시절의 라마드(인천에서 물건 팔던), 태어나서 처음 해 본 영업이었고 열정을 인정받아 H화장품 이사님으로부터 스카우트 제의까지 받았다고는 하나 그건 훈련이었다. 그런데, 단 하루의 훈련이 아닌 매일 그리고 나아가 평생의 삶이 영업이라면? 많이 다른 얘기인 것 같다. 어떤 분야든 지금 이 순간에도 눈이 오나 비가 오나 일선에서 영업을 하고 계신 분들 진심으로 응원합니다!! 어쨌든 그때의 나는 어디서 나온 열정 및 뻔뻔함을 장착했는지 아무도 말릴 수가 없었다. 새벽 6시에 집을 나가서 자정이 넘도록 사람을 만나고 영업을 하다가 들어왔다. 체력적으로도 정신적으로도 힘들었을 텐데 일주일 중 7일을 그렇게 열심히 살았다. 왜? 나는 돈을 벌어야 했고, 이왕 벌 거면 많이 벌고 싶었으니까!!

2장.
종로 PC방, 노부부 사장님들

손해(화재)보험 영업은, 소위 인(人)보험과 물(物)보험이라 칭하는 사람과 건물 관련 보험들을 다룬다. 그리고 둘을 모두 팔 수 있다는 점에서 다양한 방법론적 접근이 가능하다. 물론 다양한 상품을 팔 수 있다고 해서 유리한 게 아니라는 건 해 본 사람은 안다. 그리고 영업 초짜는 어쩔 수 없이 먼저 친척이나 친구 등 아는 사람들에게 연락해서 만날 수밖에 없다. 즉 초반에는 인보험 위주의 영업이 될 수밖에 없는 것이 현실이다. 누가 됐든 사람을 많이 만나야 한다. 설득을 하든지, 부탁을 하든지 계약을 성사시켜야 한다. 일주일이 가고 한 달이 가고 팀별로 개인별로 실적이 집계된다. 그리고 그에 따른 보상이 주어진다. 그게 영업이다.

친척이나 지인들 중에 건물주나 사업가 그리고 고액 연봉자 등 돈 많은 사람이 있는 동기 설계사는 영업이 훨씬 수월해보였다. 일주일이든 한 달이든 가끔 고액계약 한 번 빵 터뜨려주면 그걸로 실적도 채워지고 월급도 많이 가져가니까… 그런 고객도 고액계약도 없는 나는 개미처럼 열심히 일할 뿐이었다. 많이 만나고 많이 뛰어다니면서 계약 건수를 늘리는 방법밖에 없었다. 개인적으로 목표를 설정하고 스스로를 더 채찍질하면서 세운 목표를 향해 달려간다. 그 이름은 3W Three per Week, 보험을 조금이라도 아는 사람이라면 아는 유명한 지표, 한 주에 계약 3건을 성사시킨다는 의미이다. 사실 이게 나만의 목표는 아닌 게, 할 수 있든 없든 모든 설계사들의 로망이자 목표이기 때문이다. 인보험이든 물보험이든 매년 돌아오는 자동차보험이든 상관없지만, 그게 어떤 계약이든 3건은 쉽지 않다. 그리고 그걸 매주 해내면서 몇 주, 몇 십주를 이어간다는 건 정말(x100) 굉장히 어려운 일이다. 그렇기 때문에 이 지표가 열심과 능력의 상징인 것이다. 다시 말하지만 해 본 사람만 안다!

신기한 건, 절박하면 해낸다는 것이다. 새벽부터 늦은 저녁까지 주 7일을 일하면 된다. 남들보다 더 많이 고민하고, 더 많이 연락하고, 더 많이 만나고, 더 많이 걷고, 더 많이 방문하면 된다. 물론 그런다고 해도 일주일에 3건의 계약이 이루어진다는 보장은 절대(x1,000) 없다. 잘 되는 날도 있지만 전혀 안 되는 날도 있다. 다 된 것 같았는데 헛물인 경우도 있고 예상치 못한 곳에서 계약이 성사되기도 한다. 그게 영업이고 인생이다. 그래도 노력은 배신하지 않는다. 아니 배신하지 않아야 한다! 절박한 노력이라면 더더욱 그래야 한다고 이 연사 간절히 외친다!! 나 같은 사람에게 노력에 대한 보상은 중요하기 때문이다. 가진 것도 없는데, 그마저도 없다면 매우 힘 빠지고 슬플 테니까… 신입사원들에게 처음으로 주어진 시간과 미션이 끝이 났다. 기적적으로 나는 그 시간동안 3W를 유지했다.

그리고 동기 신입사원들 중 총액 1등은 아니었지만, 건수 1등을 달성했다. 다시 한 번 감사이고 감격이지만, 그때를 추억하면서 계속 자문하게 된다, '흠… 어떻게 했지?'

이제 본격적인 영업이다. 신입시절도 지나가고 전화할 사람도 없다. 물론 영업이라는 게 지인의 지인 그리고 또 그 지인들의 소개를 받아 꼬리에 꼬리를 물고 이어지는 것이지만 그것만으로는 부족하다. 그래서 그 당시 선배들은 조언했다. 오래 걸려도 물보험과 자동차보험을 꾸준히 해야 한다고. 그래서 입사 초기부터 여기저기 많이도 돌아다녔다. 수많은 지역들, 수많은 가게들을 둘러보며 많은 경험을 쌓았다, 보고 판단하고 설계하는 경험들. 그러면서 장사하시는 분들을 보며 많은 걸 느끼고 배웠더랬다. '참 열심히들 사시는구나…'라고. 자동차보험에도 공을 들인다. 요새는 보험만기가 돌아오면 여러 보험사에서 메일이나 열매톡이 오지만 그때는 그 정도의 시스템이 구축되어 있지 않았다. 그래서 나는 퇴근 후 자체 초과근무를 하며 또 발품을 팔아본다. 주차장으로 내려가 차 유리에 붙어있는 전화번호들을 수첩에 적는다. 그리고 다음 날 문자를 돌리고 전화를 한다(지금은 그러면 안 된다고 들은 것 같기도 하고). 중요한 건 그만큼 열심히 영업을 배워갔다는 것 아닐까? 남들 하는 것 이상으로 노력하면서 말이다. 좀 씁쓸한 건, 그렇게 해서 따낸 자동차보험 계약이 없었다는 슬픈 사실…

드디어 종로 PC방 사건(오래 기다리셨습니다. 항상 서두가 긴 것 같아 쏴리!). 여느 때처럼 사무실에서 일정 체크, 자료 만들기 등 오전일과를 마치고 밖으로 나갔다. 외부영업을 시작한 이후부터 선정해서 돌기 시작했던 몇 지역들 그리고 그 중에서도 집중적으로 공을 들이며 구축했던 나만의 영역들이 있었다(뭐, 그것도 나만의 생각이었을 수 있는 게 그런다고 해서 계약이 되는 건 아니니까…). 구의동 상권의 학원, 병원, 옷집, 음식점 등을 돈다. 당시 수원-분당 사이 새로 지어진 아파트들 주변의 상가들을 둘러본다. 정기적으로 가게들을 방문하고 사장님들과 인사하며 얼굴을 익히고 안부를 묻는다(그리고 보니 수많은 종류의 가게들이 있는 집근처 구리를 안 돌았네?). 그렇게 꾸준히 씨를 뿌리며 기다린다. 신뢰가 쌓이고 관심이 생길 때까지… 그래서 영업은 기다림 이후의 생존이다. 나나 상대방이나 결국 돈에 관련된 일이라는 걸 알기에 쉽지도 않고 단번에 되지도 않는다. 타인의 지갑을 여는 건 그만큼 어려운 일이고, 아무리 상품이 좋아도 당사자가 원하지 않으면 그걸로 끝인 거다.

한 번은 종로 1~5가를 걸은 적이 있다. 원래 내 지역도 아니었고 일이 있어 간 김에 둘러봤던 것 같다. 그런데 그럴 때가 있다. '왠지 모르겠는데 저기는 꼭 가보고 싶네?'라는 생각이 들 때가. 종로3가 Y영어 학원을 끼고 골목으로 들어가는데 뒤쪽 상가들 중 하나가 눈에 띤다. 1층에 뭐가 있었는지는 모르겠고, 2층엔 넓은 카페가 있었다. 거기도 들어가 볼만한데, 그냥 지나쳐 3층 PC방으로 향한다. 들어가 볼만하다는 건, 건물 관련 보험(화재, 배상책임 등)들을 권면할만한 꺼리들이 많다는 얘기다. 보험영업을 하다보면 그냥 딱 보일 때가 많다. 모든 게 돈으로 보이기 때문에 사람(성별, 나이, 직업, 소득수준, 건강상태)이나 가게의 상태(업종, 평수, 매출, 순익, 내부 기자재)만 봐도 소위 견적이 나온다는 말이다. 어쨌든 상태가 괜찮아 보이는 보험의 대상(카페)을 지나 3층에 도착한다. 들어서는데 조명은 좀 어둡고 사람은 많지 않은 그저 그런 PC방이다. '쟤 뭐지?'싶은 눈으로 시큰둥하게 쳐다보시는 노부부 사장님들은 부모님 연배로 보인다. 쓱 둘러보니 돈을 많이 들이지는 않은 것 같다. 느낌에 은퇴자금으로 마련하신 PC방을 그냥 되는대로 운영하고 계신 듯했다. 그래서 보험은 더 필요해 보이는데, 설계해도 내 실적과 이윤에는 그다지 도움이 되지 않을 것 같은 그런 느낌적인 느낌… 어찌되었든, 항상 처음은 서로 애매하다. 나는 명함을 건네고 인사를 드리고 나온다.

그 이후로 두 분을 뵈러 그냥 갔다. 왜 그랬는지 모르겠지만 진짜 그냥. 괜찮은 2층 카페를 지나서 올라간다. 안부를 여쭙고, 일상을 얘기하고, 함께 간식을 먹고, 인사하고 나온다. 그러기를 몇 번, 가게 화재보험과 배상책임보험에 대해 두 분이 먼저 물어보신다. 나중에 혹시라도 곤란을 당하지 않으시려면 어차피 필수적으로 들어야 하는 보험이었다. 말씀드리고 싶었지만 자료만 준비하고 기다리고 있었다. 그런데 결국 해야 하는 일이라면 나한테 맡기시겠단다! 아들 같아 보이는 어설픈 초보 설계사를 돕고 싶은 마음도 있으셨을 것 같다. 서툴러도 믿어주고 싶고 밀어주고 싶은 게 부모의 마음 아닌가. 어쩌면 그 분들은 한 젊은이의 인생과 그 미래를 위해 투자해주신 건

지도 모른다. 내 기억에는 생짜로 개척한 첫 물보험이었다! 신기한 건, 영업을 안 한 곳에서 첫 영업이 성공했다는 것이다!! 인생은 참 아이러니한 것 같다. 무엇과도 바꿀 수 없는 소중한 첫 경험이었다.

걷고 또 걸었다. 하지만 아무리 발품을 팔아도 안 될 때는 안 됐다. 그런데 우연히 들어간 곳에서 사람을 만나고 정을 쌓았다. 목적이 있는 반복과 순수한 반복은 다르다. 그런데 후자의 진정성과 신뢰가 첫 성공을 이끌어냈다. 실력은 없었지만 진심으로 사람을 얻었나보다. 결국 영업은 사람인 것 같다! (맞나…?)

3장.

소금을 맞다: 개시 전 방문금지

6시 전에 일어나 7시 반 전에 회사에 출근했다. 참 내가 수고가 많았다. 앞에 S사 때도 잠깐 언급했지만 저혈압은 새벽이 보통사람보다 좀 더 힘들다. 피가 회전이 잘 안 되니까, 잘 일어나기가… 그래서 아내 포함 일찍 출근하시는 모든 직장인분들, 진심으로 존경하고 박수를 보냅니다! 여하튼 그때는 열정으로 그렇게 피가 돌았나보다. 출근하면 개인 업무를 비롯해 사적인 일들을 먼저 처리한다. 팀장님과 동료들이 하나둘 출근하기 시작하면 각자 영업 나가기 전 먼저 팀 회의가 소집된다. 팀 목표와 개인 목표, 사례발표, 자료공유 등. 그렇게 해도 9시 전후, 아직 이른 시간이다. 직장을 다니는 분들은 아시겠지만, 다들 9시에 출근한다고 해서 진짜 긴급 상황이 아닌 다음에야 그 시간에 바로 타부서에 전화하지는 않는다. 왜? 실례까지는 아니어도 그게 매너니까, 아직 잠도 덜 깨고 목소리도 안 나오고 커피도 한 잔 해야 하는데 컴퓨터가 부팅되기도 전에 전화벨이 울리면 얼마나 짜증나겠는가? 빨라도 9시 반, 좀 여유 있는 협조연락은 10시~10시 반이 적당(?)하다. 그게 센스! 사람은 다 비슷하다. 전화 한통도 그러한데 하물며 영업은 어떻겠는가? 그리고 그 시간에 문을 연 가게가 얼마나 된다고.

비상구 계단에 동기들과 옹기종기 모여 영업 나가기 전 커피 한 잔과 함께 잠깐의 여유를 즐긴다. 이런저런 얘기들을 나눈다. 어제 어디를 갔고, 어떤 사람을 만났는데 어땠고, 무슨 상품을 추천해서 팔았고, 좋았는데 나쁜 것도 있었고, 울고 웃고 소리도 지르고. 우리는 자신만의 거룩한 무용담들을 경쟁하듯 얘기하며 그렇게 푼다. 동기니까. 역시 동기 사랑이 나라사랑이다! 그렇게 와자지껄 떠들며 정신이 없는 중에 잠깐 옆을 봤는데 항상 밝고 자신감 넘쳤던 동기 동생 얼굴이 어둡다.,, 아니 어둡다 못해 충격을 받은 표정이다. 그런데 아닌 척 씁쓸하게 커피 잔만 홀짝이고 있다. 내가 모르는 척 묻는다, "헤이 요(Hey Yo)! 넌 어제 별 일 없었어?!" 형이 물으니까 어쩔 수 없이 대답한다, "뭐… 다 그렇죠… 하하… 형님도 니들도 어제 다 잘 했네? 고생 많았다 야…!" '갑.분.싸.' 진짜 말 그대로 갑자기 분위기가 싸해진다(혹시 모르는 분들의 검색의 수고를 덜어드리기 위해). 그런 애가 아닌데 다른 말과 행동을 하면 다 알아챈다. 인간은 영물이니까. 찰나의 정적 뒤 우리는 더 놀란다. 애가 운다…!! 들어보니, 어제 새로운 지역으로 영업을 나갔단다. 많이 이른 시간은 아니었는데 가게 사장님이 기분이 별로더란다. 그런데! 무슨 상품설명을 한 것도 아닌데, 막 소리를 지르면서 얼굴에 소름을 뿌리더란다! 재수 없다고! (…제일 무서운 건 역시 사람이다…)

농담으로라도 '재수 없다'는 말은 참 불쾌하다. 아니 아무리 친한 사이여도 그런 말은 잘못하면 대판 싸움이 날 수도 있는 진짜 기분 나쁜 말이다. 그런데 처음 보는 사람이 큰 잘못도 안 했는데 그런 말을 함부로 던졌단다. 그것도 소금과 함께! 영화나 드라마에서 보던 막장의 상황을 친한 동생이 당했다고 하니 너무 당황스럽고 화가 났다. 말로 전해들은 간접경험인데도 내 몸이 너무 떨리고 정신이 어디로 가버린 것 같은 느낌이다. 나도 동기들도 너무 큰 폭탄에 아무 말을 못한다. 무슨 위로의 말을 하겠는가, 그 친구에게는 평생의 트라우마가 될 수도 있는데…! 그런데 참 슬프고 씁쓸한 건, 잠시 뒤 스스로를 걱정하는 우리의 모습이다, '나도 그렇게 당할 수 있겠구나…'라고. 영업을 하다보면 아무래도 조심하게 된다. 특히 어떤 분야의 가게든, 영업을 하고 있는 분들에게 영업을 할 때는 더욱 그렇다. 그래서 조금 전에도 말했지만 오전에는 웬만하면 방문조차 하지 않는다. 조심하는 정도가 아니라 금기시 하는 것이다.

'개시 전 방문 금지', 그 사건 이후 우리 동기들의 불문율이 되었다. 소위 하루 장사를 시작해서 물건을 처음

파는 것을 의미하는 '개시', 그 이전에 우리의 상품을 팔지 않기로 한 것이다. 개시 전인지 아닌지 가게와 사장님들 분위기를 보고 접근한다. 아무리 우리가 진심이라 해도 진열된 상품 하나 못 판 사장님들에게 아침부터 나타나 보이지 않는 상품을 팔려 한다는 건 아닌 것이다. 보험은 보험이고 돈은 돈이니까. 게다가 잠시 첨언하자면, 아직 일어나지도 않은 일(사실 그게 함정이긴 하지만…)에 돈을 쓰는 사람은 많지 않다. 그런데, 보험이란 건 그런 데에 돈을 쓰는 일이다. 그 시절에는 더 그랬다. 그냥 필요하다고 하니까 가입하지 잘 알아보고 계약하는 사람은 많지 않았다. 그러니까 생명이 뭔지 실손이 뭔지 알 리가 있나. 물론 나는 그런 상황을 내게 더 유리하게 이용하긴 했다. 실손 보험이 왜 중요한지에 대해 침을 튀기며 설명하고, 집에 있는 보험들 다시 다 정리해주겠다고 종합-수정-해지까지 난리법석을 떨고, 그 당시 여러 생명보험사 상품을 많이도 깨고 다녔더랬다…(죄송). 재미있는 건, 엄청 꼼꼼하게 체크하는 것 같아도 일반인들 중 본인의 계약 사항을 다 아는 사람은 거의 없다는 것이다. 약관을 읽는 사람은 없다고 봐도 된다. 나도 안 읽는데 무슨.

안타깝지만 그 동생이든 나든 그럼에도 불구하고 다시 자신의 영업 지역으로 꿋꿋하게 걸어 나가야 한다. 그게 오늘 하루 우리에게 주어진 일이고, 영업이고, 인생이니까. 하지만! 백번 양보해도! 동기 동생이 당한 상황을 생각하면, 한 번 항변은 하고 싶다! 재수 없다는 말도 참 재수 없으시지만, "소금은 알고 뿌리신 건지요?!"라고. 과거 우리의 조상들은 나쁜 일을 막고 귀신을 쫓는 방편으로 소금을 뿌렸다고 한다. 그리고 그 소금으로 그 장소를 정화할 수 있다고도 믿었단다. 우리나라 문화도 아닌데 요즘은 10월 말만 되면 유초등 아이들부터 2~30대 젊은 이들에 이르기까지 비슷한 의식이 곳곳에 펼쳐진다. '할로윈 데이', 드라큘라를 비롯한 온갖 서양귀신들이 돌아다니고, 연등도 아닌 것이 온 동네에 무섭게 웃는 주황색 호박등들이 걸린다. 그런데 그건 본인들 스스로가 소금이 되어 귀신을 물리치는 의식을 행하는 것이고, 축제로 승화시켜 하나의 문화를 만든 것이다(그러고 보면, 동서고금 지구촌 어느 구석을 막론하고 모든 인간은 무의식 중 악한 영들을 무서워했나보다).

'아'다르고 '어'다르다고, 액땜을 하는 것과, 재수 없고 더러운 그 무엇으로 취급받는 것과는 천지차이이다. 우리가 무슨 잡귀도 아니고 어엿한 사람인데, 열심히 살아보겠다고 아등바등하는 동생, 조카, 아들 같은 친구들인데! "꼭 그렇게까지 하셔야 했나요?!"라고 묻고 싶다…! (내가 귀신을 얼마나 무서워하는데…) 물론 그 분도 힘드니까 그러셨을 수 있다. 장사도 잘 안되는데 아침부터 어떤 활기찬 애가 방문했을 수도 있고, 아니면 출근 전에 부부싸움을 하고 나오셨을 수도 있고… 우리네 인생에 다 이유는 있는 법! 그래도 반대로 생각하면, 서로의 인생에 대해 최소한의 인내와 배려도 필요한 법이다. 그 동생에게나 나에게나 엄청난 인생의 교훈과 경험을 선사한 소위 '소금 사건', 나는 무엇보다도 이런 생각을 했다. 우리가 무엇을 상상하든 그 이상으로 세상은 모질고, 사람이 사람에게 못 할 짓을 할 수도 있다는 것! 그리고 아무리 강철 멘탈을 가진 사람도(그 동생은 나보다 훨 강했다) 상상 이상의 충격을 받으면 부서진다는 것! 아니, 그냥 사람은 그만큼 깨지기 쉬운 연약한 존재라는 것!(취급주의!)

4장.

'나'를 팔다, 마지막 자존심

'무엇을 판다'라는 말이 뭘 의미하는지는 좀 더 살아 봐야 알 것 같다. 코흘리개 어릴 때는 수렵채취를 하던 고대처럼 물물교환을 했다, 구슬, 딱지, 카드, 팽이 등등. 참 웃기는 게, 고대에도 현대에도 사람들은 먹고사는 문 제 때문에 교환을 하고 영업을 하는데, 고금을 막론하고 어린이들은 자신들이 보물처럼 여기는 가치들을 주고받 는다. 인간계의 저울로는 계산할 수 없는 순수함의 그 무 엇들을! 온 세상 어른들이 혈안이 되어 모으려 하는 돈 (money)은, 달러든, 원화든, 이 세상의 어떤 화폐이든, 아 직 그들에게는 가치 없는 종이일 뿐이다(아직은). 그래도 그 친구들이 아는 게 하나 있다. 가치의 레벨과 우열! 별 5개 딱지가 1개보다 훨 세다는 것, 왕딱지를 갖고 싶으면 내가 아끼는 중간 전투력 딱지 10개 이상을 지불해야 한 다는 것. 잘 아는 척 하지만 사실 어릴 때의 나는 구슬이 든 딱지든 중간레벨이었다. 적당히 치고 빠지고 큰 판에 는 끼지도 않았다. 그렇게 대범할 리가 있나… 그리고 '어쨌든 내 재산인데 지켜야지…'라는 생각, 집에 와서는 항상 집계를 한다, 몇 개 몇 장을 따고 잃었는지. 좋게 말하면 순수함 반대로 말하면 소심함, 그래도 다행인 건, 그래서 나 같은 사람들은 도박을 하지 않는다는 것이다(말은 그렇게 하지만 주식으로 한두 번 반 토막을 경험했다. 그것도 쪼금).

'무엇을 판다'라는 영업에 대해 어렴풋이 알게 된 건 어머니를 통해서였다. 내가 초등학교 때부터 영업으로 맞벌이를 하셨던 어머니, 지금은 K학습으로 유명한 기업이 그때는 J학습이었다. 그 시절 나름 잘 나가던 조금 비싼 방판(방문판매) 학습지였고, 수년간 교육영업을 하신 어머니는 영업상무까지 올라가셨다. 지금 생각해보면 참 대단한 거다. 문득 나이를 계산해보니, 내가 초4(11)때니까 어머니가 37세, 아버지도 41세니 두 분 다 나보다 젊었을 때다! 세월의 무상함이란! 어머니는 70세가 넘으셨는데도 지금까지 그 당시 동료들과 모임을 유지하며 여행을 다니신다, 그것도 참 대단하시다. 역시 100세 인생! 40년을 넘게 살아가면서 어머니의 유전자를 많이 물려받았다는 생각을 한다. 수학에 대한 머리, 여기저기 돌아다니는 역마살, 그리고 물불가리지 않는 영업! 말은 이렇게 하지만 인생에서 영업을 어느 정도 경험해 본 나로서는, 어머니가 그 당시 가가호호 방문하며 초중등학생 부모님들을 만나고 영업을 하셨을 생각을 하니 잠시 숙연해진다. 그렇게 나와 동생을 키우셨으니까…

영업은 자기 자신을 파는 거다. 35년 전, 어머니는 가족과 자식들을 위해 자신을 팔고 계셨던 거고, 15년 전의 나도 나를 팔고 있었던 거다. 지금도 나는 나를 팔며 살아간다. 아니, 팔려야 살 수 있다. 그것이 지식이든 말이든 글이든 사역이든, 이제는 그런 도구들을 통해 나의 삶과 가치와 의미들을 팔아야 한다…! 이렇게 말하면서도 장사가 그리고 영업이 무엇인지 아직 잘 모른다. 하지만 '무엇을 판다'는 것이, 이윤추구가 아닌, 진정성 어린 '나'를 파는 것이라는 생각은 어렴풋이 내재되어 있다. 그 때도 그랬다. 그래서 나를 판다는 건 나에게는 마지막 자존심이었다. 왜? 미사여구로 포장된 거품 같은 거짓 상품을 팔고 싶지는 않았다. 그 상품이 나라고 생각하면 참을 수 없었으니까! 최대한 정직하고 싶었고 혹시 나중에라도 부끄럽지 않고 싶었다. 영업꾼이지만 돈을 조금이라도 더

벌기 위해서 뺑튀기하지는 않았다. 그래서 눈치를 본다고 생각할 정도로 주변을 살피고, 남에게 피해가 가면 안 된다고 생각하며 영업을 했다(내가 욕 먹을까봐 그런 것도 있었고…). 그리고 그런 사람들은 시간이 지나도 자꾸 뒤를 돌아본다. 얼마 전까지도 그런 생각을 했더랬다. 그렇게 긴 시간이 흘렀는데… 더 대박인 건, 얼마 전 그때 좋은 상품을 설계해 줘서 고맙다는 말을 들었다는 것이다! 진짜 다행이라고 생각한다. 그리고 더 감사한 건, 오랜 시간 후 진정성이 살아남았다는 것이다!

그렇게 저세상 텐션의 바보 같은 마음(순수함, 진정성, 정직함)으로 사람을 살리는 영업을 하겠다고 했을 때(솔직히 나도 살자는 영업이었고, 그만큼 더블로 간절했다!) 실적이 잘 나왔을까? 밥은 먹고 다녔으며 월급은 제때 받았을까? 그래서 계산해봤다, 내가 그때 얼마나 벌었을지를. 신기한 건, 지금의 가치로 환산할 때 많이 번 달은 연봉 1억 5천에 가까운 돈을 벌었다는 것이다! 초반에도 말했지 않은가, 이왕 벌 거면 많이 벌고 싶었다고! 그럼 나는 지금 부자가 되어 있을까? No, No! 아내의 1년 휴직이 끝나면서 나의 1년 영업도 끝이 났다(왜인지는 다음 장에서). 그리고 ACE 자격을 유지하고 있었던 내가 그만둘 때, S사 때와 똑같이 "왜 그러냐?"는 소리를 들었다. 팀장님에게서도, 동료들에게도. 내가 생각해도 참 우여곡절이 많은 인생이다. 그러나 어쩔 것인가, 삶이 그렇게 흘러가는 것을…!

사계절 동안 뜨거울 때나 얼음일 때나 돌아다니면서 배운 게 두 가지 있다. 첫 번째, 사람과 돈에 대해서. 걷다 보면 참 많은 종류의 사람들을 만난다. 그냥 막 활기차고 호탕하고 사람 좋을 거 같은 이모님, 정색하듯 무표정한 아저씨, 수줍어하는 듯 친절한 어머니, 그리고 참 어렵게 장사하는 어르신들, 반대로 참 돈 많아 보이는 사장님들… 영업이라는 게 결국 돈과 밀접한 일이라 사람이 보인다. 한편으로는 도와드리고 싶을 정도로 마음이 짠하고, 다른 한편으로는 좀 부럽고. '누군 집을 몇백 채 가지고 있다던데…'라면서. 가끔 제주도행 비행기를 타고 이륙할 때 풍경 감상에 넋을 놓고 있다가 산과 집들이 부루마블(Blue Marble)의 건물들처럼 쪼그만 해질 무렵 문득 그런 생각을 한다, '와, 저렇게 수많은 아파트와 집들이 있네, 근데 저 많은 집들 중에 내 건 하나가 없네…?' 평생 열심히 살아도 부모님 집에 얹혀 살면서, 얼마 전 할부가 끝난 차에, 두 딸을 겨우 양육하고 있는 나와 아내, 그 정도만 해도 훌륭한 삶이라 여기며 감사하긴 한다! 사실 아내가 너무 오랫동안 고생이 많아 미안하긴 하고… 지금의 청년 후배들, 제자들, 그리고 자녀들 세대를 보면 참 안됐다는 생각이 든다. 우리도 힘들게 살아왔지만, 그들은 얼마나 힘들고 소망이 없으면 모든 걸 포기하는 세대가 되었을까, 마음이 아프다… 그래서 더 그들의 삶을 응원하고 싶다. 파이팅!

두 번째, 간절하면 뭐든지 다 할 수 있다는 것이다. 수줌음? 그런 거 없다. 못하는 게 어디 있나? 절박하면 무엇을 시키든 다 할 수 있게 된다. 아니 해야 한다. 살기 위해 우물을 파야하는 것이다. 그래서 '자리가 사람을 만든다'는 말도 상황에 따라 여러 가지 의미로 해석될 수 있는 것 같다. 공부고, 예술이고, 가치 있는 일이고 먼저 먹고사는 문제가 해결되어야 할 수 있는 일들이고, 가족을 위해 돈을 벌어야하는 사람은 어떻게든 번다는 것 말이다. 영업 잠깐 해봤다고 너무 아는 척을 한 느낌이 없지 않다. 현재 영업 일선에서 일하고 계신 분들 건강하시고 힘내시길 바랍니다! 그런데 살면서 점점 느끼는 게, 결국 우리 대부분은 영업의 삶을 살게 될 수 있다는 것이다. 은퇴 전이든 후든 그것이 어떤 형태이든. 그리고 인생에 대해 조금 더 생각해보면, 영업을 해야 하든 아니든 우리의 삶 속에 3W 같은 기준 하나쯤은 있어도 좋다는 생각이 든다. 특히나 나처럼 약간의 타율성과 목표 그리고 동기부여가 필요한 사람들에게는 더더욱. 스스로 세운 목표를 지키는 게 쉬운 일은 아니지만, 지켜가려고 노력하는 모습은 박수 받을만하다. 그래서 공개적으로 선포하고 자신의 약속을 지켜가는 〈월간 윤종신〉의 가수는 타인에게도 도전을 주는 멋진 삶을 사는 것 같다.

어줍지 않은 책임감으로 출발한 영업이었다. 영업의 'ㅇ'도 모르고 시작해서 가나다라부터 배운 나였다. 그래도 정직하게 하려고 노력했고 그래서 열심히 했던 그 모든 시간이 감사하다. 영업이라는 새로운 훈련 분야는 내 삶 속에 정말 큰 가르침을 주었다. 입을 떼지도 못했던 사춘기 소년이 자라서, 어떻게든 상품과 나를 팔아서 돈을 벌어야한다는 것, 그렇게 가족의 끼니를 장만해야 한다는 것을 배웠으니까. 그럼에도 영업은 어렵다!!

역시 인생은 내 계획대로 흘러가지 않는다.
확실하다고 생각했는데 헛물인 경우가 있는가하면,
예상치 못한 곳에서 기적 같은
감사의 조건이 터지기도 한다.
알 수 없는 인생이라서 살아볼 만한 것일까?
잘 모르겠다.
확실한 건, 우리가 희비극 같은 인생의 막들을
하루하루 살아왔다는 것이고,
앞으로도 새로운 날들을 살아갈
준비를 해야 한다는 것이다.

강의하고 글 쓰는
청년선생

1장.

신과 계약하다, 다시 입시생

　어렸을 때는 엄마를 따라 교회를 다녔다. 중2 때부터
는 친구를 따라 교회에 갔고, 거기서 사귀게 된 친구와 공
동체가 좋아서, 그리고 그들이 공짜로 가르쳐주는 노래
와 악기가 좋아서 정착했다(2막 참고). 시간이 흐르고 여
느 중고딩 사춘기들이 그렇듯 자신의 정체성에 대한 궁
금증이 생기기 시작할 즈음, 나는 좀 더 머리가 복잡한 애
였다. 어린 애가 인생과 그 근원에 대해서 그리고 신과 교
리에 대해서 이해되지 않는 부분을 골똘히 고민했다. 세
상에 대한 염려가 많았고 사람들과의 만남과 헤어짐이
아쉽고 슬펐다. 조숙했다기보다는 걱정이 많고 호기심이
많은 애였던 것 같다. 어쨌든 부끄러움 많았던 중학생은
그 때부터 속으로 혼자 다짐하고 있었다. '언젠가는 꼭 공
부해봐야지!' 이해하지 못한 채(사실 평생 이해되지 않는

부분이다) 오랫동안 묻어놓았던 세상과 인간 그리고 신에 대한 궁금증은 대학원 입시 도전으로 귀결되었다. 내 인생 처음으로 내가 하고 싶었던 공부(철학과 종교 그리고 신학)를 하게 된 것이다!(아니 아직, 들어가면…) 결국 04~05년 연말연시 나는 30이 넘은 나이에 다시 입시생이 되었다.

자의적인 선택이었다고는 하지만 어떻게 보면 여러 가지 복잡한 상황(6막4장 참고)에 의한 것이기도 했다. 〈도깨비〉 속 대사처럼 "신의 계획인지, 실수인지…" 아니 신의 섭리겠지! 그리고 그 후 공부를 그렇게 오래하게 될 줄 그때는 몰랐다. 진짜로! 어렵게 시작하는 공부이고 그것이 큰 의미를 지닌다 해도, 가족들의 동의가 필요했고 특히 아내의 마음과 의견이 중요했다. 그도 그럴 것이 아내가 복직했다고는 하나 부모님과 두 딸을 포함 여섯 식구의 생계를 혼자 감당케 하는 건 너무 미안한 일이었다(사실 평생 미안하고 고마운 중이라 입이 열 개라도 할 말이 없다). 그리고 멀쩡하게 영업하면서 나름 돈도 잘 벌고 있지 않았나?! 감사한 건, 이번에도 아내는 이해를 넘어 나의 삶의 방향을 같은 시선으로 바라보며 전적으로 응원해주었다는 것이다! 단, 이번에는 조건이 있었다. 대학원 학비는 내가 알아서 해결해야 한다는 것. 사족을 붙일 필요도 없이 당연한 말이었다. 생활비도 빠듯한데…!

그래서 나는 신과 계약했다! 그리고 계약 후의 나는 다시 한 번 내가 삶 속에서 자주 했던 '간절-절박-이 악물기' 모드로 돌입했다. 내가 원하는 일이고 가족들도 묵묵히 응원한다는데 못할 게 뭔가?! 3년 등록금만 해결하면 되는 일이었다. 그럼 잠시, 신과의 계약이란 무엇인가? 기독교에는 '서원기도'라는 게 있다. 쉽게 말하자면 인간이 신과 약속하며 기도하는 것인데, 대부분 인간이 자기가 유리한 조건을 걸고 신은 항상 손해(?)를 본다! 성경에 나오는 야곱이란 사람과 내 경우를 보면 그렇다는 것이다(입다라는 사람의 경우는 굉장히 슬프다). 형의 대노로부터 고향을 떠나 도망치던 야곱은 '광야에서 내가 죽지 않고 무사히 고향으로 돌아가게 지켜주시면, 당신을 나의 하나님으로 인정하겠습니다!'라는 거래식 기도를 했다. 그리고 그때의 형철이는 이렇게 기도했다. '진짜 진짜 열심히 공부할게요! 전액장학금을 주세요!!' 신의 입장에서 보면 '어쩌라는…?'이다. 둘 다 자기한테 유리한 조건의 거래다. 지금 생각해보면 참 민망한 게 나는 손해 보는 거 하나도 없다. 대학원 가게 해 주면 교회봉사를 열심히 하겠다는 것도 아니고, 공부도 지가 좋아서 하는 거지 무슨 해주는 것도 아니고. 그래도 내 입장에서는 굉장히 절박한 기도였다. 그래서 얄미운 야곱 할아버지도 이해가 된다. 그나 나나 자신감 없는 겁 많은 인간이었던 것이다.

서원이 함부로 하는 기도가 아니라는 건 알고 있었고, 그래서 현재까지는 내 인생 두 번째이자 마지막 기도였다. 처음? 25세 대학생시절 했던, 결혼을 위한 기도였다. 내 인생 처음이자 마지막 20일 연속 새벽기도였고 목숨을 걸고 했다. why? 첫 번째, '이 사람이 아니면 안 되겠다!'라는 생각이 들었다. 두 번째, 책에서 몇 번 얘기했지만 난 저혈압이다! 겁도 없이 한 두 번째 서원기도 후 1년 동안 목숨을 걸고 공부했다. 내 인생 제일 열심히 공부했던 고2~3 시절보다 더 열심히 했다. 잠자는 몇 시간, 이동 시간, 화장실 가는 시간 빼고는 하루 평균 15~17시간 공부하며 최선을 다했다. 밥 먹는 시간이 아까워서 책상에서 에너지 바를 먹으면서 했으니까(머리가 별로면 몸이 고생이 많다). 도서관 책상에서 앉고 일어설 때마다 신에게 기도했다. '재미있게, 감사하며, 공부할 수 있게 해주세요.' 새벽부터 늦은 저녁까지 함께 공부한 동생들이 있어서 버틸 수 있었다. 그들과 서로 격려하며 사계절을 울고 웃었고, 드디어 2005년 겨울, 우리는 입학시험을 치렀다. 참 소심하고 예민한 게, 그 때부터 결과가 나오는 날까지 자주 악몽을 꾸었다. 전액장학금을 받으려면 최상위권(3~5등 안)이어야 한다. 꿈속에서 나는 결과를 확인하러 학교게시판 앞으로 걸어간다. 밑에서부터 확인, 그리고 3등, 2등… '설마 1등??' 그런데! '내 이름이 어디에도 없다…!!!' 그렇게 새벽마다 깨어나기를 반복, 어느날 집에 있는데 전화가 온다. "입학식 때 학생대표로 기도 준비 하세요!" 수석이었다. 또 속절없이 눈물이 났다. 감사와 감격을 무엇으로도 표현할 수 없었다(골방에 들어가 신에게 기도하며 그렇게 많이 울었다). 무엇보다 3년 등록금이 생겼다는 것, 가족들 앞에서 고개를 들 수 있다는 것이 감사했다. '생계형 수석'이었다…!

그렇게 06학번 대학원생이 된 나는 의외로 공부도 교회봉사도 열심히 했다. 공부야 학점을 유지해야 장학금이 나오니까, 그런데 교회봉사는 자발적 선택이었다. 그때부터 청년들이 좋았던 것 같다. 저녁이고 새벽이고 함께 밥을 먹고 차를 마시고 볼링을 치고 삶을 나눴다. 말하기 좋아하고 대화에서 내 주장이 관철되어야 하는 사람이 바뀌어갔다! 심지어 타고나는 기질이라는 MBTI가 바뀌었으니까(훈련된 기질로 바뀌기도 한다). 제자들로부터 예기지 못한 상처들도 받았지만, 청년들의 삶과 신앙에 대한 상담을 하며 '듣는' 훈련을 한 것 같다. 아직도 많이 부족하지만. 그렇게 1년, 2년, 공부도 나름 노력하고 청년사역도 나름 열심히 하는 가운데 시간이 흘러간다. 살아볼수록 어르신들 말이 진리인 게, 세월이 진짜 너무 빨리 흘러간다! 그리고 앞에도 말했지만, 세상과 인간과 신에 대해서 그렇게 오래 공부할 줄 몰랐다! 2006년부터 2015년까지 10년 동안, Never 계획하지 않았던 학위 3개(석사2/박사1)를 받으며, 청년사역(전도사/목사)을 이어갔다. 위기도 많았다. 두 번째 석사 때는 학위도 조교도 그만두고 위기의 시절을 보냈다. 박사 때는 등록금이 없어서 좌절하고 몇 번이나 그만두려고 했다. 정말 감사한 건, 훌륭한 선배 교수님과 목사님들이 포기하지 않도록 말 그대로 물심양면 이끌어 주셨다는 것이다. 어머니 말에 의하면 그것도 타고나는 인복이란다!

　사실 그 외에 상황과 성격의 문제도 있었다. 이 책의 처음부터 차근차근 보신 분들은 아시겠지만, 인생이 롤러코스터인데다가 그 속에 인문학이라고는 코빼기도 안 보이는 삶을 살았다. 공대생에서 연구원, 영업사원을 거쳐 춤을 추던 친구가 갑자기 인문학 공부를 한다고 생각해보라! 글을 쓰고 말을 해야 하는데 얼마나 어려웠을 지를!! 의도치 않게 길어진 공부 덕분에 두 번째 석사논문을 쓸 때는 불면증에 걸렸다(이렇게 말하니까 석사 때 무슨 일이었던 것 같네). 청년사역을 하는 시간이 길어지면서 불안증도 생겼다. 집안경제에 대한 불안, 가족건강에 대한 불안 등. 하루는 저녁에 노인들의 삶과 치매를 다룬 〈그대를 사랑합니다〉라는 영화를 보고 가슴이 먹먹해서 잠을 못 이루고 밤을 샌 적도 있었더랬다. 어렸을 때는 뭔지 모를 걱정과 불안을 안고 살았다면, 나이가 들어가면서는 구체적인 실존적 한계에 시달리는 듯하다. 그래서인지 불면증과 불안증은 지금까지 어느 정도 이어진다… 그럼에도 그 삶의 과정에 감사할 수 있는 건, 깨달음이 있어서다. '상처가 기회가 될 수도 있다는 것, 그래서 인생은 모른다는 것' 영업과 예술을 동시에 정리하게 되면서 시작한 공부와 사역이었다. 항상 나만 당하는 것 같고 나만 상처 받는 것 같은 외로움과 절박함이 있었다. 알 수 없는 상황과 미래로 던져지는 것 같은 불안함과 함께 살았다. 그런데 지나고 나서 배우게 되는 건, 삶의 이유에 대한 고찰이다. 모든 것에는 그 까닭이 있다는 것, 그리고 신을 믿는 사람에게 그것은 섭리이자 신앙이라는 것. 마지막으로, 극히 개인적인 이야기이고, 매번 느끼는 것이지만, 목숨을 걸고 했던 내 첫 번째 서원기도는 매우 옳았다는 것! 겁 없는 신과의 계약을 통해 내 삶의 동반자이자 영원한 후원자인 아내라는 무엇과도 바꿀 수 없는 선물이자 보물을 얻었으니까!

2장.

3,500km를 운전하다

2016년 여름, 4명의 여자들과 유럽여행을 떠났다! 어머니, 아내, 그리고 두 딸(당시 고1, 중1)과 함께. 나야 20대 초중반부터 어학연수, 뮤지컬 팀 공연, 청년들과의 선교와 봉사 등으로 유럽을 비롯한 외국여행 경험이 많은 터라 이번에는 유럽이 처음인 가족들을 위해 헌신하기로 했다. 수년전부터 돈을 모으고, 1년 전부터 경제적이면서도 알찬 계획을 짰다. 그동안의 경험을 바탕으로 5개국(영국, 벨기에, 프랑스, 스위스, 이탈리아), 17개 도시들을 이어가며 동선을 짰다. 비행기(런던 in-로마 out)와 유로스타(영국~벨기에) 티켓, 각 도시들에서의 숙박, 특별히 웨스트엔드 뮤지컬 티켓들(〈오페라의 유령〉과 〈위키드〉)을 미리미리 예약했다. 벌써 3년이나 지났다니 감회가 새롭다. 그리고 지금도 생생한 느낌의 기억들이 있다. 특히, 벨기에 브뤼셀에 도착했을 때, 군인들이 총을 들고 있었던 걸 생각하면 지금도 긴장이 된다(2016년 테러 참고). 이탈리아 중부에 지진이 나기 전날, 우리가 근처 도시를 지나갔다는 사실도 놀랍다. 최근 베네치아에 물난리가 난 걸 보면서는, 당시에 다녀온 사람으로서 안쓰럽고 미안하기도 하다.

어쨌든 우리는 브뤼셀부터 로마까지 17일의 좌충우돌 여정동안 P사의 가족용 승합차량을 렌트(엄밀히는 리스였다)해서 타고 다녔다. 그리고 나는 그 녹색차를 3,500km 운전했다. 지금 생각해봐도 '어떻게 그걸 해냈지…?' 싶다. 참 많은 사건사고들(각 나라, 도시마다 제한속도를 비롯한 교통법규가 다 다르다!)이 있었고, 어떻게 무사히 여행을 마쳤는지 신기할 정도다. 스트레스를 풀러 갔는데 개인적으로는 또 다른 스트레스를 받은 여행이었다. 다 얘기할 수는 없고, 이 책이 잘 되면 2권은 이 여행에피소드로 책을 낼 생각이다. 책 제목은, 〈가족과 여행하지 마라!〉. 농담이고(?). 사랑하는 네 명의 여자들을 위한 여행이었지만, 내 개인적인 목적은 따로 하나 더 있었다. 정체성과 진로에 대한 고민, 개인적인 생각으로 이 고민은 1~20대에만 하는 게 아니라 평생을 하는 거라고 생각한다(나만 그런가?). 어쨌든 나는 그 먼 곳에서 3,500km의 산과 들을 달리며 내 인생을 다시 되돌아보았다.

2006년, 그때로부터 10년 전, 광나루 J대학 대학원 입학 이후의 공부와 사역에 대한 이야기는 바로 전 1장에 요약되어 있다. 왜 그렇게 간단하게 언급했을까? 솔직히 십수 년이 지났지만 그동안 내게 주어진 직함들이 아직도 어색한 '나'이기에 그랬던 것 같다. 전도사, 목사, 석사, 박사… 참 웃긴 건, 대학 졸업 이후 몇 직장을 다니고 예술을 하면서 남들과는 조금 다른 인생을 살아오긴 했지만, 그래도 학문-종교적인 이력이 생길 거라곤 꿈에도 생각하지 않았다는 것이다(진짜로!). 내 인생사전에는 없는 단어들이었다(진짜로2!!). 더 웃긴 건, 그 중에서도 마지막 이력이다. S여대 박사! 그래서 한동안 제일 많이 받는 질문이 이거였다. "S여대 박사요? 남자도 받아줘요?" 나는 노래하는 춤꾼이자 배우로 평생 살 거라고 생각했다. 그런데 아니었다. 역시 인생은 내 마음대로 되지 않는다. 그래서 다시 고민할 수밖에 없었던 것이다. '난 커서 뭘 해야 하지?'

그 당시 정체성과 진로에 대한 나의 질문은 '목사와 박사로 살 것인가?'에 대한 심각한 고민이었다. 뮤지컬을 시작했을 때부터 목사에 이르기까지 청년사역자로서 산

것은 맞다. 공부를 하다 어쩌다보니 박사가 된 것도 맞다. 그런데! '그 정체성으로 평생 살 수 있을까? 아니 그게 내가 원하는 삶인가?' 답은 '잘 모르겠다'였다. 거의 정확히 10년 동안 교회에서 청년들을 지도했다. 많은 제자들이 생겼고 지금까지 호형호제하며 함께 나이 들어가는 청년들 그리고 몇몇 부부들도 있다. 하지만 그때도 지금도 나는 일반 교회에 어울리는 사역자는 아니었다. 카페를 운영하며 그들과 인생과 문화를 얘기할 수 있을지는 몰라도… 탁월한 지도교수님을 만나 2015년에 박사학위를 받았다. 그리고 1년 반 정도(2016 여름 전까지) 전국 대학과 교회를 돌며 선후배 및 동료 교수님들과 목사님들께 인사 드리고 박사논문을 드렸다(강의부탁에 대한 노력?). 그 당시 돌린 논문이 거의 150부였다! 단 한 군데에서도 연락이 오지 않았다. '아, 강의 한 번 하기가 이렇게 어려운 거구나, 하긴 내 이력이나 전공이 좀 애매하지, 그럼 학자도 교수도 아닌가…?' 솔직히 내 이력이 독특하면서 산만하고, 이렇다 할 정도의 일관성 있는 학연이 있는 것도 아니다(인정!). 그래도 그렇게 무반응을 경험하고 나서 인정하며 깨달은 것은 있다. 내가 강의에 대한 갈증이 없었다고 말할 수 없다는 것!

2016년 10월 말, 나는 또 한 번의 큰 결심을 한다. 모든 걸 내려놓고 처음부터 다시 생각하기로. '또?!'라고 생각하셔도 할 말 없지만, 내가 그렇게 대범한 사람이 아닌 건 이제 잘 아실 테고, '또 얼마나 힘들게 고민하고 결정했을까…?'라고 불쌍히 여겨주시면 좋겠다. 3500km 여정 속 고민에도 결정하지 못한 걸 가을에 했으니. 그리고 20대도 아니고 40이 넘어서 무엇을 그만둔다는 것, 새로운 걸 시작한다는 것은 쉬운 일이 아니다. 삶의 과정과 이력만 보면, 참 많이 그만둔 건 맞다. 지금 와서 감사한 건, 그런 다양한 경험이 학생들 진로상담에 많은 도움을 준다는 것이다. 그래서 앞에서도 한 번 언급했지만(5막 4장), 언제든 면담 신청하라고 얘기한다. "많이 그만둬봐서 그건 내가 전문이니까 언제든 연락해"라며. 어쨌든, 나는 3년 동안 정들었던 교회와 청년들을 떠나 사역을 잠시 내려놓았다. 논문들을 쓰면서 강의를 알아보는 일도 일시정지 상태로 들어갔다. 이제 나는 목사도 박사도 아니었다.

몇 달, 1년, 2년… 살다보면 뒤를 돌아볼 틈도 없이 숨가쁘게 달릴 때가 있다. 그러다가 잠시 시간이 생기면, 아니 시간을 내어서라도 찾는 곳이 제주도다. 바다와 커피를 좋아하는 나는 애월 해변의 한적한 카페를 찾는다. 하늘, 구름, 수평선, 파도를 바라보다가 따뜻한 커피 한 모금, 책을 보다가 글을 쓰다가 또 한 모금, 그렇게 쉼을 누리며 충전한다. 이번에는 친한 동생과 한라산에 올랐다. 상황은 다르지만 비슷한 고민을 가졌던 우리는 땀을 흘리며 영실 정상에 오른다. 시원한 바람 속에서 목을 축이며 서로 묻는다. "이제 뭐할래?" 답을 찾기 위해 산과 바다를 찾는 건 아닌 것 같다. 땀을 흘리며 산을 오르던, 바다를 보며 멍을 때리던, 두 행위의 긍정적 공통점은 아무 생각 없이 머리를 비우는 과정이라는 것이다. 수많은 생각을 하고 수많은 경우의 수를 계산해도 답이 나오지 않는 게 인생이다. 때로는 모든 걸 내려놓고 비우고 가만히 기다려야 할 때가 있다. 내가 무엇을 하려고 하지 말고 되어가는 것을 지켜보며.

그래서 연말연시 좀 쉬려고 했다. 충분히 달려왔으니 잠깐은 쉬어도 될 것 같았다. 아니 나처럼 성격 급하고 가만히 있지 못하는 사람은 억지로 쉬어줘야 한다. 그래도 쉴까 말까니까. 그런데 인생은 참 이상하게 내 의지와는 반대로 흐를 때가 많다. 누가 일부러 장난치는 것도 아니고… 쉬려고 했는데 바빠지면서 상황이 급물살을 탄다. 바쁘고 싶을 때는 조용하더니! 친한 선배로부터 연락이 왔다. 내 마지막 모교인 S여대 교목실에 자리가 생길 수 있으니 알아보라고. 교목실장 교수님을 찾아뵙고 논문을 드렸다. 겨울방학 중 몇 번을 오가며 설명을 들었고, 나 또한 자리에 적합한 사람인지 검증을 받았다. 이후 실장님의 추천을 받고 심사과정을 거쳐 2017년 3월, 나는 교목의 역할을 하며 강의도 하는 특임교수에 임용되었다!! 그렇게 순적하게 이루어질 일이 아니었다. 현실은 절대 녹록치 않으니까. 주변 사람들은 기적이라고 말했다. 물론 설명할 수 없을 정도의 놀라운 일이었다. 그리고 많은 분들의 관심과 응원과 기도가 있었기에 가능한 일이었다. 아내와 나는 그저 감사할 뿐이었다.

인생은 신기한 것이고 사람 일은 모르는 것이다. 다양하지만 애매한 이력 때문에 진로에 대해 고민하던 나였다. 그런데, 주어진 기회의 자리가 바로 그렇게 멀티 플레이가 가능한 사람을 필요로 하는 자리였던 것이다. 목사이자, 박사이자, 문화예술과 음악(성가대, 워십팀, 밴드)

을 아는 청년사역자, 나는 그렇게 생각했다. '역시 인생은 지나봐야 아는 것인가 보다…' 그래서 어머니의 인생 주제말씀은 진리이다. "모든 것이 합력하여 선을 이룬다." 한편, 인생은 참 재미있기도 하다. 다시 돌아간 곳이 대학교라는 특수사역지일뿐, 나는 다시 청년사역자이자 청년선생이 된 것이니까. 머리로 알아도 삶으로 경험해야 깨닫는 게 사람이다. 손에 쥔 것을 놓아야 새로운 것을 잡을 수 있고, 비워야 채울 수 있고, 한쪽 문이 닫히면 한쪽 문이 열린다는 걸 알지만, 못하는 게 우리라는 존재들이다. 미래에 대한 불확실성만큼 불안하고 두려운 건 없으니까. 확신도 용기도 없이 수천 km를 달리고, 하늘을 날고, 산을 오르고, 결국 힘없이 모든 걸 내려놓았다고 생각했을 때, 그 때 나는 또 한 번 인생을 배웠다.

3장.

무대공포증, 무대로 극복하다!

2017년, 인생을 다시 한 번 새롭게 시작한 해였다(몇 번째지…?). 너무 감사했고 그래서 열심히 살았다. 월요일부터 금요일, 이른 아침부터 저녁까지(마지막으로 말하지만, 나는 저혈압이다), 일하고 사람들을 만나고 강의를 준비했다. 그래서 주말에는 거의 잠들어 있거나 아픈 몸을 추스르는데 시간을 썼다. 너무 바쁘고 힘들어도 감사했고 재미있었기에 당연한 것으로 여겼다. 오죽하면 매일 아침 학교로 향하는 차 안에서 나만의 주문을 외쳤을까, '은.감.초!', '지금 내 삶은 모든 것이 신의 은혜임을, 감사하자, 초심을 잊지 말자!!'라고. 첫해 더 그랬던 건, 모든 것을 잘해야 한다는 생각이 강했기 때문이었다. 나 같은 유형의 사람은 모든 사람들의 눈치를 본다. 학교에 얼마나 많은 종류의 사람들이 있나, 교수님들, 교직원들 그리고 교목실 소속 지휘자, 반주자, 안무선생님들 그리고 성가대 학생들까지… 아니 나중에는 채플에 참석하는 전교의 모든 학생들을 신경 쓰고 있는 것 같은 내 모습을 발견했다.

예민한데다가 완벽주의 성향까지 지닌 사람들의 특징은 누가 뭐라고 하지 않아도 스스로 스트레스를 받는다는 것이다. 혼자 온갖 생각을 다 하면서 시나리오들을 써 내려가고 그러면서 잠도 못 자고 불면에 시달린다(ㅉ ㅉ…). 알면서도 거기에서 벗어나지 못한다는 게 더 짠하다. 그럼에도 불구하고 나는 모든 일에 최선을 다했다. 스스로에게 부끄럽지 않고 싶었고 그래서 누구든지 만나는 모든 타인들에게 진정성으로 대하려 노력했다. 타부서와 관련되는 어떤 일이 있으면 직접 찾아가서 먼저 인사하고 일을 처리했다. 기본적으로 사람을 좋아하기도 하지만 무엇보다 사람을 얻는 것이 최고라고 믿고 살아왔고, 그래서 그 삶의 철학을 다시 한 번 적용했다. 때로는, 최선을 다하는 내가 짜증날 때도 있다. '왜 매번 그래야하지? 왜 나만?' 하지만 그런 생각도 잠시, 인정받아야 하는 나는, 오해받는 걸 죽는 것보다 더 싫어하는 나는, 다시 최선을 다한다. 물론 그렇게 해도 100% 만족은 없다. 어떻게 해서든 1%라도 오해와 소통의 부재는 존재하는 게 인생이니까! 그런데 그 1%가 이상한 상황을 만든다는 게 너무 참을 수 없이 슬프고 화가 난다! 그런데! 나 같이 수많은 경우의 수를 생각하는 예민하고 소심한 인간은 다시, 또, '그래도, 해봐야하지 않겠어…?'라고 생각하고 또 최선을 다한다.

3년에 가까운 시간동안 참 많은 경험을 하고 많은 것들을 새롭게 배웠다. 역시 인간은 평생 배워야하는 존재인 것 같다. 물론 익숙한 것들은 잘 해내야했다. 그거 하라고 뽑은 거니까. 사실 잘 하려고 억지로 노력할 필요는 없었다. 교목실에서 성가대 친구들과 함께 어울리며 행사들을 진행하는 부분들은, 이미 오랫동안 교회에서 청년들과 함께 해왔던 것들과 비슷했기 때문이다. 원래 내가 좋아하는 일들이니 그냥 하던 대로 하면 되었다. 그럼에도 학교이기에 달랐던 부분들도 많다. 교직원들 신우회 설교, 기독학생연합회와 선교단체 지원, 그리고 가장 어렵고도 중요한 채플과 기독교개론 강의. 이 또한 처음에는 부족하기에 감당하기에 버거웠던 것 같다. 하지만 그 또한 이겨내야 했고 극복할 수 있다고 믿었다. 아니 믿고 해야 했다. 업무시간 외 시간을 쪼개서 미리 준비하고 그것도 모자라면 밤을 샜다. 그래도 좋았다. 내가 선택한 삶이었고, 힘들고 어려운 만큼 그 이상 몇 배의 성취감과 감격이 있었다.

제일 감당하기 어려웠던 동시에 나를 성장시킨 건 한 학기에 두 번 채플 강사로 서는 것이었다. 매주 5~6회 대강당에서 진행되는 채플 수업에는 5천 명 전후의 학생들이 참석했다. 그 얘기를 바꿔 말하면 매 회 800~1000명이 참석하는 수업을 한 주에 5~6회, 한 학기에 10~12회 감당해야 한다는 의미였다! 한 번의 채플을 위해 학기 시작 전 방학 때부터 기획을 시작해서 1~3개월을 준비했다. 내 차례가 다가올수록 긴장하고 잠 못 자는 건 이제 너무 뻔하지 않은가? '이 또한 지나가리라…'라는 마음으로 한 번, 두 번 학 학기를 넘겼다. 진짜 그 때는 마치 위기를 모면하듯 '넘겼다'는 단어가 어울린다. 그래도 시간이 지나면서 뿌듯했던 건, '영상채플'이라는 새로운 형태의 채플을 기획해서 꾸준히 진행했다는 것이었다. 영화, 드라마, 애니메이션, 웹툰, 광고, 힙합음악까지, 대중문화와 미디어를 통해 젊은 학생들과 소통하고 마음을 나누려 시도하고 노력했다는 것 자체가 가슴 떨리는 도전이었고 감사였다. 그리고 한 학기를 마칠 무렵, 한두 명으로부터 위로가 되었고, 힘이 되었고, 감사했다는 메일이나 쪽지를 받으면 그게 그렇게 눈물이 날 정도로 감동이 되었다. 한 한기의 모든 수고와 노력이 보상받는 느낌이랄까? 기독교개론 강의도 비슷했다. 15주 동안 4~50개의 영상을 통해 공감하려 노력했다. 처음에는 서툴고 다듬어지지 않은 모습이었을 거다. 그런데 학생들은 이미 느끼고 알고 있었다. 그리고 인정해주었다. 노력을, 배려를, 삶을 나누고 마음을 나누고 싶어 한다는 것을.

가장 기억에 남는 채플이 있다. 시간을 투자해서 야심차게 준비한 영상과 내용이었다. 제목은 '샌드위치: 신이 머물다 간 순간'이었고, 당시 드라마 계에 새로운 신화를 창조한 〈도깨비〉 속 몇 개의 영상들을 편집해서 준비했다. 내용의 핵심은, 누구에게나 신이 머물다 가는 듯한 '기적'의 순간이 있다는 것, 그런 기적을 경험하고 힘을 얻길 원한다는 것, 그리고 나와 여러분이 '기적 자체'라는 것이었다. 참 좋은 내용 아닌가?! 대강당 무대에 올라 6~7분 앞부분 강의를 한다. 그리고 영상을 튼다. 그런데, 잠시 밑으로 내려온 나는 기분이 별로 좋지 않다. 그렇게 많이 준비했는데도 또 떨었던 것이다. 항상 사람들은 전혀 그렇지 않아 보였다고 말한다. 하지만 내가 느끼고 내가 안다. 오기가 생겼다. 그러면서 속으로 나 자신에게 말했다 '언제까지 떨래? 그 많던 무대경험은 도대체 어디로 간 거니? 천명 앞에서 이렇게 떨면서, 이것도 감당 못하면 나중에 하고 싶은 대중강연을 어떻게 할래??' 타고난 수줍음과 연약함을 떨치고 싶었다. 누구 앞에서든, 어떤 규모이든, 이제는 담대하고 싶었다! 그래서 영상이 끝나갈 즈음 마지막으로 나에게 한 마디 한다. '형철아, 즐기자! 어?!' 후반부 강의를 즐기고 내려온 뒤 나는 달라졌다. 이제 더 이상 그전처럼 떨지 않는다. 그 소중한 계기가 나로 하여금 무대를 즐길 수 있도록 만들어준 것이다! 3년 남짓의 시간은 무엇과도 바꿀 수 없는 소중한 기간이었다. 진심이다. 나름 균형을 잡고 살려 노력했다고 생각하지만, 그럼에도 부족했다는 건 느낌으로 안다. 그래서 세상과 인생 앞에서는 겸손해야 하는 게 맞다. 교목으로서, 교수로서 많이 배웠다고 생각하지만, 솔직히 아직도 배워야 할 것들이 많다. 그래도 확실하게 배운 건 하나 있다. '다름'을 인정할 줄 알아야 한다는 것, 서로 배려하고 소통해야 한다는 것!

4장.

'이제 준비가 된 걸까…?'

"잘 모르겠다…!" 나이에 비해 남들보다 다양한 인생의 경험들을 하면서 살아왔음에도, 그리고 그 여정 속에서 정체성과 역할을 찾으려 부단히 노력하며 살았음에도 불구하고 솔직히 잘 모르겠다. '무슨 준비를 하는데 모르겠다는 거야?' 싶으시겠다. 이제 이 책도 거의 끝까지 왔으니 최근의 내 근황과 선택으로 마무리해야겠다. 2016년 10월말, 목사와 박사를 내려놓고 한라산에 올랐던 나는 정확히 3년 후인 2019년 10월말, S여대 교목실 전담교수직을 내려놓았다. '또?!'라고 다시 외치셔도 늦었다. 그리고 이제 안 놀라실 때도 되지 않았나 싶고. 참 많이 그만둬봤는데 역시 무엇을 그만둔다는 건 어렵고 어색한 일이다. 나와 아내의 기억으로는 2002년 월드컵으로 나라가 들썩이던 해, 29세의 나이로 첫 직장 S전자를 그만뒀을 때보다 더 힘들었다. 거의 1년을 고민하고, 반년을 잠을 못 자고, 두 달(9~10월) 동안 아내와 심각하고 진지하게 얘기를 나누었다. 선배 멘토 목사님과 교수님들을 만나 얘기를 나눈 후 셀 수 없는 밤을 새며 고민하고 기도했던 것 같다. 하지만 역시 마지막 선택은 내가 하는 거였다.

거의 3년이라는 시간이 어떻게 흘러갔는지 모를 정도로 순삭(빛의 속도로 순간 삭제)되었다. 그만큼 바빴고 신경 써야 할 일들이 많았다. 내 입장에서는 하루하루가 긴장의 연속이었고 한 주, 한 달, 한 학기가 무사히 지나가는 것이 기적이었다. 그래도 좋았고, 즐거웠고, 재미있었다. 교목으로서 그리고 교수로서 해야 했던 일들을 나름 잘 해낸 것 같아 뿌듯했고, 학생들 그리고 교직원들과 함께 나누려 했던 노력 속에서도 보람과 행복을 찾으며 감사할 수 있었다. '그런데 왜…?'라고 생각하실 거다. 맞다. 그래도 나름 월급 받는 안정적인 교수였고, 청년사역자로서도 너무 잘 어울리는 자리였다. 그런데 뭔가 한 가지 빠뜨린 듯한 느낌이 있었다. 너무 감사한 자리이지만 내 여정의 마지막 종착지는 아닌 것 같다. 그리고 사실 입버릇처럼 얘기하던 말이지만, '내 인생의 최종목표는 목사도, 교수도 아니었다.'

짧지 않았던 고민기간을 정리하고 중요한 결단을 하게 된 실제적인 이유들도 있었다. 그리고 그 또한 필요한 상황들이었다고 믿는다. 먼저 건강에 문제가 생기는 듯했다. 예민한 탓도 있겠지만 어떤 이유에서든 몸이 눈에 띄게 안 좋아진다는 건 간과할 일이 아니었다. 가족들도 걱정하며 쉼이 필요하다고 말했다. 상실감으로부터 오는 정신적 충격도 한몫 한 것 같다. 함께 일하던 선배가 갑자기 하늘나라로 떠났고, 그 이후 한동안 많이 낙담해있었다. 영화 〈공동경비구역 JSA〉의 대사처럼 "왜 그렇게 일찍 갔다니…?"이다. 우리도 모두 돌아가겠지만 그래도 왜 그렇게 빨리 갔나 싶은 이들, 아직 내 곁에 있었으면 하는 이들, 그래서 내 어깨를 두드리며 괜찮다고 격려하고 힘을 줬으면 하는 이들이 보이지 않을 때 많이 힘들다. 그게 인생이라는 걸 알면서도 익숙해지지 않는다. 눈물이 난다… 그리고 학생들을 만나면서 문득 드는 생각도 한몫 했던 것 같다. 그렇게 많은 학생들의 진로를 상담하며 내가 한 말은 '가장 중요한 게 뭔지, 정말 하고 싶은 게 뭔지, 한 번 솔직하게 생각해보라는 것'이었다. 역시 말은 쉬운 법이다. 내가 했던 조언은 내게 필요한 말이었고, 다행히 (?) 나는 그걸 받아들였다.

일단 잠시 쉬면서 몸을 추스르기로 결정한 뒤, 아내가

묻는다. "그럼 이제 뭐 할 건데?", "나도 몰라… 근데 혹시 이제 좀 준비가 된 건 아닐까…?" 나도 내가 무슨 말을 하는지 잘 모르고 한 말이지만, 그 한 마디가 아내와 나에게 어떤 울림을 주었던 것 같다. 연구원, 영업사원, 뮤지컬 배우이자 춤꾼, 목사, 박사, 교수로 살았던 자유로운 영혼의 한 남자는 아직도(어쩌면 평생) 그 놈의 정체성과 역할을 찾고 있는지 모른다. 어쩌면 파울로 코엘료의 〈연금술사〉 속 양치기 소년 산티아고처럼 자신의 자아와 꿈을 찾아 헤매는지도 모르고. 그런데, 마지막으로 한 번 더 부딪혀 보고 싶은 게 있다. 해 보지도 않고 포기할 마음은 없다. 이 시대의 20-40대 청장년을 돕는, 필요한 선생이자 멘토이고 싶다. 그리고 그들을 위해 무언가를 할 수 있다면, 글과 말로 나누고, 소통하고, 공감하고, 위로하고 싶다. 좀 더 자유롭게 작가로서 글을 쓰고 강사로서 말을 하고 싶다. 무모해보일지 모르지만 한 번 더 흘러가는 대로 인도하시는 신의 섭리에 맡겨보고 싶다. 그게 광야라 할지라도 가보고 싶은 마음이다. 그리고 그럴 수 있는 용기가 있다는 게 감사할 뿐. 철부지 꿈이라 해도 좋다. 내 인생이니까! 그리고 나를 아끼는 가족과 친구들이, 나아가 나를 사랑하는 신이 당신의 피조물을 전적으로 응원할 테니까!

　평생 열심히 살지 않았던 적이 없는 것 같다. 어느 누구의 인생이 그렇지 않을까! 인생의 각 시기마다 항상 필요한 준비를 하며 살아왔고, 그게 옳은 것이라 믿었더랬다. 그런데 살면서 깨닫는 건, '준비되는 인생은 없는 것 같다'는 것이다. 그래서 인생도, 이번 장의 시작과 끝의 대답도 솔직히 "잘 모르겠다!"이고, '피식' 실소를 머금는다. 어떻게 보면 너무 당연한 얘기를 하고 있으니까. '지금' 이후를 살아보지 못한 우리가 뭘 얼마나 알고 대단한 준비를 한단 말인가? 결국 안개 속을 걷는 것 같이 긴장이 돼도 하루하루 살아내는 게 인생인 것 같다. 때론 물 위나 구름 위로 발을 내딛는 것처럼 두렵지만, 믿음으로 또 한 걸음 나아갈 수밖에 없는 게 인생인 것 같다. 이렇게 말하면서도 최후의 최후까지 두려워할 내 모습이 떠오른다. 세상과 이웃을 위해서 살고 싶다고, 선한 영향력을 끼치는 자가 되고 싶다고 말하는 동시에 '내가 할 수 있을까…?'라고 의심하는 마음의 소리가 여전히 부끄럽다. 그래도 솔직하고 싶다. '유리 멘탈'일지언정 비겁하고 싶지는 않으니까!

'다시 광야로, Begin Again!'

　'나 같은 사람이 이런 책을 써도 되나…?', '내 인생에 누가 관심을 가지려나…?' 서론에서의 두 질문이 결국 결론까지 이어진다. 반평생 동안 많이 극복한 듯하지만 아직 아니라는 게 증명되는 순간이다. '이력 자랑으로 보이려나?' 내가 그런 의도가 아니고, 읽는 분들이 그렇게 받아들이지 않는다 해도, 안 좋은 쪽으로 시나리오를 쓰면서 여전히 눈치를 보고, 오해받기를 싫어하는 내 모습이다…! 일관성 있는 내가 그래도 확실히 잘한 게 하나는 있는 듯하다. 책 제목.

　학교를 그만두고 얼마 전부터 운동을 제대로 시작했다. 가족과 건강이 최우선 순위니까! 몇 년을 정신없이 달려오다가 자유인이 되었으니 아침부터 자기관리를 시작해야겠다는 야심찬 계획도 있던 터였다. 그런데, 운동 가방을 메고 헬스장으로 향하던 몇 분 사이 문득 스친 풍경들에서 괜스레 감동을 받는 나를 발견한다. 아침을 열면서 일상을 시작하는 사람들의 모습을 보며 미소가 지어지고, 머리가 숙여지고, 감사하게 된다.

출근버스를 기다리는 사람들, 유치원에 아이를 맡기고 다시 출근하는 엄마, 앞치마를 두르고 웃는 얼굴로 사랑스런 아이의 손을 건네받는 선생님, 자전거를 타고 등교하는 중학생, 가게의 문을 열고 짐들을 정리하는 마트 직원, 그리고 그 앞에 물건을 내리는 아저씨, 모닝 빵을 굽고 있는 청년, 그리고 어디론가 부지런히 향하는 많은 사람들… 평소에 보지도 느끼지도 못했던 많은 개인들의 하루의 시작을 보며 감동을 느끼는 건 무엇 때문일까…? 우리는 어쩌면 당연한 것들에 대해 너무 감사를 잊고 살아가는 건 아닐까…? 해가 뜨면 일어나서 움직일 수 있다는 것, 어디론가 갈 곳이 있고 할 일이 있다는 게 감사의 조건이라는 건, 은퇴 후 또는 노년이 되어서야 깨달을 수 있는 것들일까…? 〈어바웃 타임〉의 주인공처럼 그냥 하루에, 일상에 감사하는 삶을 살면 안 될까, 그리고 그럴 수 있다면 얼마나 좋을까?!

'혼자 또 아름다운 소설 쓰고 있네' 싶으실 거다. 맞다. 그러고 있고, 앞으로 쭉 그러고 싶다. 그렇다고 지금 내가 핑크빛 삶을 살고 있는 게 아니라는 건 확실히 말씀드리고 싶다. 왜? 나는 불과 얼마 전, 현실세상의 광야로 나왔고, 이제 야인으로 살아야하니까. 솔직한 마음은 '내가 할 수 있을까…?'이다. 나이에 비해 많은 직업들을 경험했고, 이제는 그걸 바탕으로 글을 쓰는 작가로, 말을 하는 강사로 살고 싶다고는 하지만, 세상이 녹록치 않다는 건 너무 잘 안다. 결국 알량한 프리랜서라고는 하지만, 아직 뭘 할지 모르는 순진한 이상주의자 백수인 것이다…

그래도 하나 아는 건 있다. 일상 속 평범한 사람들이나 유리 멘탈로 살아온 나나 모두 고급 와인 잔 같은 존재들이라는 것. 그리고 지금 이 글을 읽고 있는 당신도 세상의 모든 사람들처럼 무엇과도 바꿀 수 없는 귀한 존재라는 것. 고급 천으로도 닦을 수 없어서, 스팀으로 닦아야 할 정도로 조심스럽고 섬세하게 다루어야 하는 귀한 와인 잔처럼 말이다. 물론 한편으로는, 그만큼 쉽게 깨지고 상처받는 존재라는 의미도 포함된다. 결국 정도의 차이는 있겠지만, 모든 인생들은 유리라는 생각이 든다. 강화유리든, 방탄유리든, 어떻게 해도 유리는 유리다. 그리고 유리는 깨진다. 우리 인생도, 우리 멘탈도 비슷한 거 같고. 그런데 여기서 중요한 건, 우리가 그런 연약한 존재들일지라도 풀뿌리처럼 끈질기게 살아남았다는 것이다. 그리고 '지금, 여기에서!' 살아가고 있다는 것이다!!

얼마 전, 둘째딸 친구들이 딸에게 질문을 했단다. "근데 니 아빠 직업이 뭐야?" 둘째의 대답, "몰라!?" 어렸을 때부터 아빠가 다양한 일을 하는 걸 보면서 자란 딸의 대답은 정답이다. 나도 모르겠으니까. 그래도 사랑하는 딸들 앞에 아빠로서 당당한 부분은 있다. 첫째, 무슨 회사나 기관을 다니는 게 중요한 게 아니라 어떤 일을 하느냐가 중요한 것이라고, 물론 앞으로도 의미 있는 일을 하기 위해서 작가든 강사든 또 다른 무엇이 되어야겠지만 말이다. 둘째, 두 딸이 앞으로 살아가야하는 세상, 수십 개의 직종과 역할을 감당해야 할 수도 있는 그런 삶을 아빠가 미리 살아봤노라고, 아빠는 그래도 도전했고, 노력했고, 앞으로도 그렇게 열심히 살아볼 거라고 말해주고 싶었다. 아니 두 딸은 이미 이해하고 있다고 믿는다!

그래서 두 딸을 대안학교에 보낸 게 신의 한수였다

는 생각이 든다. 부모 세대와는 달리 학창시절 이미 자신들의 꿈을 찾아 쫓아가고 있는 그들이니까. 무엇을 하면서 어떻게 살아가야할 지를 훨씬 많이 고민하면서 한 발 한 발 앞으로 나아가고 있는 친구들이니까. 첫째가 원하는 전공으로 진학해 공부하며 계속 글을 쓰고 있다는 게 대견하고 감사하다. 아직 고딩인 둘째가 공부하며 이것저것 시도하는 가운데, 얼마 전 노래공부를 시작한 것도 좋다. 이번엔 내가 질문한다. "재밌냐? 근데 오디션은 언제 나가냐?" 묻는데 또 대답 안 한다… "그럼 왜 배우냐?" 대답, "그러게." 말은 그렇게 하지만, 무엇이 되는 게 중요한 게 아니라는 건 나도 잘 안다. 하고 싶은 그 무엇을 한다는 것, 그 속에서 계속 꿈을 검색한다는 것, 그게 중요한 거니까.

나는 아직도 꿈이 많다. 원래 음악과 노래를 좋아하는 나도 둘째처럼, 유산슬처럼, 가수가 되어 무대 위에서 노래하고 싶은 꿈이 있다. 곡도 쓰니까 앨범도 내고 싶다. 언젠가 춤도, 연기도 다시 하고 싶다. 그래서 '영화 단역 배우부터 해볼까…?', '대학로 가서 마루닦이부터 시작할까…?' 별의별 생각을 다 해 봤다! 나만 이렇다고 생각하지 않는다. 우리 모두는 어렸을 때부터 많은 꿈들이 있었고, 지금도 하고 싶은 게 많은 존재들이다. 꿈꾸는 게 잘못은 아니지 않은가?! 소년이든, 청년이든, 중년이든, 노년이든, 그 누구든 꿈꿀 자격은 충분하다. 70이 넘으신 우리 어머니는 아직도 외국어, 자격증 공부를 하신다!! 많은 경험을 하면서 시간이 지나다보니 나도 조금은 단단해진 것 같다. 그래서 모든 일에 '별 거 아닌데~?'까지는 아니어도 '할 수 있겠는데…?'라고 생각한다. 이 글을 끝까지 읽은 당신도 꿈을 위해 도전했으면 좋겠다. 아무도 뭐라 하지 않는다. 당신의 인생이고, 당신의 꿈이고, 당신의 선택이다. 하루하루의 일상이 기적처럼 주어진 선물이라면, 우리는 그 기적을 살아가는 존재이다. 아니 존재 자체가 기적인 사람들이다. 세상이라는 유리천장 아래, 때로는 무기력한 유리 멘탈로 살아가는 존재로 느껴질 때도 있지만, 당신도 나도 어차피 살아야 하는 인생, 당차게 멋지게 살아보면 어떨까?!

ps 1. 마지막으로, 이 책이, 그리고 내 인생이 여기까지 올 수 있게 해 준 당신에게 사랑과 감사의 인사를 하고 싶다. 노래방에서 항상 고백하듯이, 당신은 내게 '감사' 그 자체다. '그대라는 사치'가 있어 나는 '다행이다'. 부족한 '일상으로의 초대'에 응해주고, 지금까지 함께 해 준 당신, 3000만큼 고맙고… 사랑합니다!

ps 2. 그리고 진짜 마지막! 다 알 수 없고 부족한 인생을 살아가는 나이지만, 세상을 향해 솔직하고 당당하게 외쳤던 고등학교 선배님처럼 나도 노래하는 시인으로 살고 싶다. '부끄러운 게으름, 짜잘한 욕심들아… 얼마나 나일 먹어야 마음의 안식을 얻을까…' ('민물장어의 꿈' 중)

유리멘탈

초판(1쇄) 2020년 1월 15일

지은이 박형철

발행인 차기석
발행처 셰익스피어하우스
책임편집 김진선
북디자인 이정민 D_CLAY
일러스트 손진
인쇄 일리디자인
마케팅 현요셉

셰익스피어북스

출판등록 2019년 10월 25일(제 352-2019-000030호)
주소 인천광역시 연수구 인천타워대로54번길 9, 4층 407호 (송도동)
전화 032-858-3238
이메일 shakespearehouse@naver.com

ISBN   979-11-968454-5-2 (03010)

이 도서의 국립중앙도서관 출판예정도서목록(CIP)은
서지정보유통지원시스템 홈페이지(http://seoji.nl.go.kr)와
국가자료종합목록 구축시스템(http://kolis-net.nl.go.kr)에서
이용하실 수 있습니다. (CIP제어번호: CIP2020000923)